Edict,

Daß diejenige

ADVOCATEN, PROCURATORES

und andere

CONCIPIENTEN,

welche sich unterstehen, Leuthe aufzuwiegeln, um in abgethanen und abgedroschenen Sachen

Seiner Königlichen Majestät

immediaté Memorialien zu übergeben, oder auch in anderen Justitz- und Gnaden-Sachen durch Soldaten über- geben zu lassen, ohne alle Gnade und Pardon, mit einem Hunde an der Seiten, aufgehangen werden sollen, und daß dieses Edict acht Tage nach beschehener publication seinen Anfang nehmen solle.

De Dato Berlin, den 16. Nov. 1739.

B E R L I N,
Gedruckt bey dem Königlichen Preußischen Hof-Buchdrucker, Christian Albrecht Gäbert.

Neff

GOTTFRIED HEINDL
HERBERT SCHAMBECK

Advokaten sind wie die Adler

oder

Juristen in Geschichten und Anekdoten

PAUL NEFF VERLAG · WIEN

Ein Band in der Reihe
KLEINE NEFF-BREVIERE
Hrsg. Karl Andreas Edlinger

Einbandabbildung: Bildarchiv Preussischer Kulturbesitz
„Verhandlung vor dem Londoner Strafgerichtshof". Zeichnung von
A. Pugin und Th. Rowlandson, Aquatinta von Bluck aus
„The Microcosm of London", 1808. Kunstbibliothek Berlin.

ISBN 3-7014-0249-3

Einbandgestaltung: Graupner & Partner, München
Gesetzt aus der Borgis Garamond-Antiqua
Gedruckt und gebunden beim Wiener Verlag, Himberg bei Wien
Hergestellt im Auftrag des Paul Neff Verlages, Wien

Vorwort

„Ein Jurist, der nicht mehr ist als ein Jurist, ist ein arm Ding", hat schon Martin Luther gemeint. Der englische Rechtslehrer Sir Frederick Pollock hat diese Feststellung zu der Erkenntnis erweitert: „Je tiefer die Kenntnisse eines Juristen sind, und je länger er sich dem Studium der Rechtswissenschaften widmet, um so stärker werden seine Hemmungen gegenüber der scheinbar so einfachen Frage: ‚Was ist das Recht?' " Überlegungen dieser Art müssen es gewesen sein, die einen so bedeutenden Juristen wie Gustav Radbruch zu dem Bekenntnis veranlaßt haben: „Die großen Zweifler an der Wissenschaft und dem Werte des Rechts, ein Tolstoi, ein Daumier, ein Anatole France, sind für den werdenden Juristen unschätzbare Mahner zur Selbstbesinnung. Denn ein guter Jurist kann nur der werden, der mit einem schlechten Gewissen Jurist ist."

Diese Ambivalenz der Jurisprudenz in ihrer Vielfalt und in ihrem Widerspruch ist das eigentliche Thema dieses Buches. Es läßt in mehr als fünfhundert Anekdoten aus den letzten fünf Jahrhunderten die Juristen, die nichts als Juristen waren und sind, ebenso zu Wort kommen wie die großen Zweifler und die Mahner zur Selbstbesinnung. In vier Kapiteln macht es das Wesen der Justiz im Wandel von Zeit und Welt sichtbar: „Advokaten sind wie die Adler" präsentiert Barockzeit und Aufklärung, „Scharf nach unten, mild nach oben" das Zeitalter des Obrigkeitsstaates, „Es ist gefährlich, unschuldig zu sein" das Recht zwischen Demokratie und Diktatur, und „Wer es hat, dem wird's oft nicht" das Recht in unserer pluralistischen Gesellschaft.

Beim Sammeln und Sichten unseres Materials haben wir allerdings zwei Überraschungen erlebt. Wir wußten, daß wir aus einer umfangreichen Literatur schöpfen konnten, denn von Friedrich Logau über Johann Wolfgang Goethe, E. T. A. Hoffmann und Heinrich Heine bis Ludwig Thoma reicht die lange Reihe der Juristen, die ihren erlernten Beruf mit der Berufung, zu schreiben, vereinten oder vertauschten. Überrascht hat uns jedoch, daß wir neben den zahlreichen juristischen Literaten so vielen literarischen Juristen begegneten: Richtern, Rechtsanwälten und Rechtsgelehrten, die nicht für die breite Öffentlichkeit, sondern gleichsam für den Hausgebrauch trockene juristische Materie wie Bescheide, Eingaben und Kommentare in Vers und Prosa literarisch aufbereitet haben.

Bei soviel literarischer Begabung war es um so überraschender, aber auch bedauerlicher, daß nur so wenige Juristen ihre Erinnerungen aufgezeichnet haben. Lebensbilder berühmter Ärzte gibt es in großer Zahl, aber nur wenige bedeutende Juristen leben in Biographien oder Autobiographien fort.

Um so wertvoller waren für uns deshalb mündliche Erinnerungen, Hinweise und Mitteilungen, für die wir insbesondere dem Vizepräsidenten des Obersten Gerichtshofes in Wien, Dr. Wolfgang Lassmann, und den Universitätsprofessoren Dr. Ernst Hellbling, Dr. Karl Korinek, Dr. Fritz Schönherr, Dr. Alfred Verdroß-Droßberg und dessen langjähriger Assistentin, Frau Dr. Helene Scheuba, zu danken haben.

Bei der Arbeit an diesem Buch hat uns nicht nur eine langjährige persönliche Freundschaft, sondern auch der gemeinsame Respekt vor dem Recht verbunden, das wir freilich, da einer von uns Jurist und der andere Nichtjurist ist, von verschiedenen Gesichtspunkten, gleichsam von innen und außen her sehen.

VORWORT

Wie man von verschiedenen Gesichtspunkten aus zu gleichlautenden Auffassungen gelangen und sie sodann mit verschiedenen Worten formulieren kann, mögen abschließend zwei Zitate beweisen, die zugleich als Motto dieses Buches gelten können. Der Nichtjurist Johann Gottfried Seume hat gemeint: „Die wahre Freiheit ist nichts anderes als Gerechtigkeit“, der Jurist William Pitt hat diese Meinung mit der Mahnung bekräftigt. „Wo das Recht endet, beginnt Tyrannis.“

Gottfried Heindl *Herbert Schambeck*

KAPITEL I

Advokaten sind wie die Adler

oder

DER CHRISTEN RECHTE RECHTSKUNST

„Es ist mit der Jurisprudenz wie mit dem Bier; das erste Mal schauert man, doch hat man's einmal getrunken, kann man's nicht mehr lassen."

Johann Wolfgang von Goethe, 1770

Von *Abraham a Sancta Clara,* dem wortgewaltigen Schwaben, der im Jahre 1677 als Prediger nach Wien kam, stammt die Warnung:

„Prozesse sind ein Silberschweiß,
Oft zu der Armut eine Reis',
Untreuer Zungen liebe Weide.
Gebt drum nicht Raum dem Hadergeist,
Der Christen rechte Rechtskunst heißt:
Vertrau, sei still, entbehr und meide!"

Weil der kluge Kanzelprediger aber wußte, daß Prozesse nicht immer vermeidbar sind, empfahl er in seiner „Abbildung der gemeinnützigen Hauptstände" die Advokaten mit den Worten: „Ihre so herrliche und nutzbare Profession kann nicht recht genug hervorgestrichen werden. Sie sind wie die Adler, weil sie auch das kleinste Punktum in Obacht nehmen. Sie sind wie ein Wundkraut, weil sie verwundete Gemüter wieder zurechtbringen. Sie sind wie die Delphine, weil sie auch in der größten Gefahr helfen. Sie sind wie die Salamander, weil sie sich durch keine Verfolgung überwinden lassen. In summa: Die Rechtsgelehrten sind rechtschaffene Leute."

Uneingeschränktes Lob für die Juristen also? Leider nein, denn Abraham a Sancta Clara fuhr fort: „Weil selten ein Sommer ohne Mucken, ein Geldschatz ohne falsche Münze und ein Buch ohne Eselsohren, so ist auch selten ein Stand ohne böse Leute. Daher gibt es auch unter den Advokaten gewissenlose und tadelhafte Gesellen. Manche sind wie ein Wagen, der immer geschmiert werden will. Manche sind wie eine Wiege, die sich bald dahin, bald dorthin neigt. Manche sind wie ein Aal, der das trübe Wasser liebt. Manche sind wie das Öl, das immer oben schwimmen will. Und manche sind wie ein Luchs, aber schauen immer nur aufs Geld und werden im Jenseits einen schlechten Lohn dafür zu erwarten haben."

Urteile dieser Art waren nicht vereinzelt. *Friedrich von Logau,* der selbst Jurist war, hatte bereits um die Mitte des 17. Jahrhunderts gedichtet:

„Juristen, Ärzte, Prediger
Sind alle drei beflissen,
Die Leute zu purgieren
An Säckel, Leib, Gewissen."

In seinem Sinngedicht „Juristen" variierte Logau dieses Thema:

„Gott ehr mir die Juristen!
Wenn die an einem fehlen,
Ist's nicht um Seel und Leben,
Es ist nur um das Zählen!"

Logaus Zeitgenosse, *Christian Hofmann von Hofmannswaldau,* Kaiserlicher Rat und Präses des Ratskollegiums zu Breslau, entwarf für einen „Ungerechten Advokaten" die folgende Grabinschrift:

„Das Schlechte macht' ich krumm,
Das Krumme macht' ich schlecht,
Drei Sachen nährten mich:
Verwirrung, Zank und Recht."

Zweideutige Urteile über die Juristen sind so alt wie ihre Profession. Nicht einmal ihre geistlichen Schutzpatrone machten dabei eine Ausnahme. Vom heiligen *Ivo,* der im Jahre 1116 als *Bischof von Chartres* starb und ein bedeutender Kirchenrechtslehrer gewesen war, hatten die Zeitgenossen gesagt: „Advocatus sed non latro." — „Er war Anwalt, aber kein Dieb."

Ein anderer Heiliger, der ebenfalls *Ivo* und mit dem Familiennamen *Hélory* hieß, lebte von 1253 bis 1303 in der Bretagne. Er stammte aus vornehmer Familie, war Priester und trat als Anwalt der Armen, Witwen und Waisen hervor. Nach seinem Tode entstand eine Legende, die sich bis auf den heutigen Tag erhalten hat: „Nach der Ankunft im Jenseits hat der heilige Ivo sofort hinter sich die Himmelsleiter eingezogen, um künftighin jeden Streit im Himmel auszuschließen. Das hat aber auch verhindert, daß die Anwälte, deren Schutzpatron er ist, in den Himmel kommen. Sie müssen seither im ewigen Feuer braten, was wiederum eine weitere Folge hat: Die Hölle gewinnt seither alle Prozesse."

Aber auch der Fürsprech, wie der Anwalt früher genannt wurde, fand bisweilen einen Fürsprecher. Als *Godofred Strauss* im Jahre 1717 starb, setzte man auf seinen Grabstein die Inschrift:

„Du fragst: Wer liegt allhier?
Ich sage: Ein Jurist,
Der niemand wissentlich
Ein Unrecht hat getan.
Ich sage dir noch mehr:
Hier ruht ein guter Christ!
Draus lerne, daß dies wohl
Beisammen stehen kann."

Die wirklich guten Juristen, die es zu allen Zeiten gab, nahmen die Kritik an ihrem Beruf gelassen hin, denn sie kannten seine Grenzen. So pflegte der Pforzheimer Rechtslehrer *Johann Capnio*, genannt *Keuch-*

lin, seinen Schülern zu sagen: „Im ersten Jahr werden Sie schnell und leicht alle Rechtshändel schlichten. Im zweiten Jahr fangen Sie an zu zweifeln. Im dritten Jahr sehen Sie dann ein, daß Sie nichts wissen und fangen an zu lernen."

Die klugen Juristen kannten nicht nur die Grenzen, sondern auch die Schwächen ihres Berufes und machten sich über sie lustig. So zirkulierte im 18. Jahrhundert eine pseudonyme juristische Abhandlung über die Flöhe, als deren Urheber lange Zeit Johann Wolfgang von Goethe galt. In Wirklichkeit stammte sie von dem Marburger Professor *Otto Philipp Zaunschliffer* und war in Form von Fragen und Antworten gehalten. — „Frage: Welchen Gerichtsstand hat ein Floh? Antwort: Da die Nebensache stets der Hauptsache folgt und ein Floh nur die Nebensache des betreffenden Menschen ist, gelten für ihn Recht und Gerichtsstand dieses Menschen. Ein Mönchsfloh unterliegt demnach dem kanonischen Recht. Der Floh einer adeligen Dame ist dagegen selbst adelig und genießt die Adelsprivilegien. — Frage: Wenn ein Mensch mehrere Flöhe fängt, hat er dann das Recht, alle zu töten? Antwort: Wegen der ungeklärten Beweislage ist nur der fetteste zu töten, da er die Vermutung der täglichen Gewohnheit gegen sich hat."

Nichts kennzeichnet den Wert der Anwälte besser, als das Unbehagen, das ihr Wirken bei der Obrigkeit erweckte. So erließ Preußens Soldatenkönig *Friedrich Wilhelm I.* im Jahre 1726 die folgende Kabinettsorder für Gerichte und Juristenfakultäten: „Wir ordnen und befehlen hiermit allen Ernstes, daß die Advocati wollene schwarze Mäntel, welche bis unter das Knie gehen, unserer Verordnung gemäß zu tragen haben, damit man die Spitzbuben schon von weitem erkennt."

Unweit des Potsdamer Stadtschlosses stand die sogenannte Bittschrift-Linde, in deren Schatten die Soldaten der Garnison Bittschriften entgegennahmen, um sie an den König weiterzuleiten. Als dieser Brauch überhandnahm, erließ Friedrich Wilhelm im November 1739 ein Edikt, in dem es hieß: „Wenn ein Advocat oder Procurator oder ein anderer dergleicher Mensch sich unterstehen wird, Seiner Königlichen Majestät immediat durch einen Soldaten ein Memoriale in Prozeß- oder Gnadensachen einreichen zu lassen, alsdann Seine Königliche Majestät einen solchen Advocaten oder Procurator oder auch den Concipienten eines solchen Memoriales ohne alle Gnade und Pardon aufhängen und neben ihm einen Hund hängen lassen wollen."

Friedrich II. war im Umgang mit Juristen zwar nicht so grob wie sein Vater, dafür aber umso ironischer. In einer kleinen Stadt war ein Mann festgenommen worden, weil er Gott, den König und den Magistrat beschimpft hatte. Die örtlichen Justizbehörden, die nicht wagten, über diese dreifache Lästerung zu entscheiden, wandten sich an den König, der ihnen antwortete: „Daß der Mann Gott gelästert hat, beweist, daß er ihn nicht kennt. Daß er mich gelästert hat, verzeihe ich ihm. Daß er den hohen Magistrat gelästert hat, ist freilich unverzeihlich. Der Mann kommt für eine halbe Stunde nach Spandau. Die Transportkosten zahlt der hohe Magistrat."

In einer katholischen Stadt Schlesiens war ein Soldat verurteilt worden, weil er Opfergaben von einer Marienstatue gestohlen hatte. Der Angeklagte hatte die Tat geleugnet und behauptet, die Heilige Jungfrau habe ihm die Gaben geschenkt. Das Urteil wurde Friedrich II. vorgelegt, der nach Anhören katholischer Geistlicher entschied: „Der vorgebliche Übeltäter wird von der Strafe losgesprochen, da er den Diebstahl leugnet und nach der Erklärung der Theologen seiner Kirche das gewirkte Wunder nicht unmöglich ist. Für die Zukunft verbiete ich ihm aber bei harter Strafe von der Heiligen Jungfrau oder irgendeinem anderen Heiligen Geschenke anzunehmen!"

Im Zuchthaus von Spandau verbüßten die Schwerverbrecher ihre Strafe. Bei einem Besuch ging Friedrich II. von Zelle zu Zelle, und alle Häftlinge versicherten, sie seien unschuldig. Nur einer sagte reumütig: „Majestät, ich bin ein ganz schlechter Mensch, schlechter als alle anderen hier." „Entlaßt diesen Mann", befahl der König. „Was soll ein so schlechter Kerl unter lauter braven Leuten!"

Der Brauch, Bittschriften unter der Potsdamer Linde zu überreichen, den Friedrich Wilhelm mit dem Aufhängen bedroht hatte, lebte unter seinem Sohn wieder auf. Einmal kam Friedrich II. an dem Baum vorbei und wurde von einem Bauern angesprochen, der ihm eine Bittschrift überreichen wollte. „Ihr müßt nach der Kammer gehen", sagte der König, „da werdet ihr Bescheid erhalten." „Da sind wir schon gewesen", antwortete der Mann. „Nun, dann kann ich euch auch nicht helfen", belehrte ihn Friedrich II. Was der Bauer darauf erwiderte, amüsierte den König so sehr, daß er die Bittschrift doch entgegennahm: „Komm, Alte", sagte der Mann zu seiner Frau, „es hat keinen Zweck. Du siehst ja, daß er mit der Kammer unter einer Decke steckt!"

Der Justizminister Friedrichs des Großen war *Samuel Freiherr von Cocceji,* dessen „Corpus juris

1/2 Englische Justiz des 18. Jahrhunderts. Oben drei Richter von W. Hogarth, unten drei Advokaten von John Kay

3 Die große Treppe des Justizpalastes. Lithographie von Honoré Daumier

Fridericiani“ zwar nie Gültigkeit erlangte, der sich aber dennoch viele Verdienste um die Reform des preußischen Rechtswesens erworben hat. Das bewahrte ihn nicht davor, von seinem Herrscher bisweilen rüde zur Raison gerufen zu werden. So schrieb Friedrich am 10. August 1742 an Cocceji: „Seine königliche Majestät erteilen dero Staatsminister auf seine Vorstellung vom 6. d. wegen des Bauern Falcken hierdurch die Antwort, daß es schlecht einzusehen ist, wenn man von einem armen Bauern wider alle Möglichkeit 700 Taler durch das Gefängnis erzwingen will. Wenn alle Bauern auf solche Art bezahlen wollten, so würden die Festungen und Gefängnisse volkreich werden, die Dörfer aber wüst sein. Und wollen demnach Höchstderselbe, daß ohne alles Räsonnieren gedachter Bauer auf freien Fuß gesetzt werden soll. Wie denn Höchstderselbe sich allen Ernstes verbittet, in dieser Sache mit weiteren Vorstellungen behelligt zu werden.“

Aus dem Brief an Cocceji sprach jene Auffassung von Justiz, die Friedrich der Große einmal in einem Schreiben an den Regierungspräsidenten Schröther in die Worte gekleidet hatte: „Ich bin der erste Justitiarius über mein Land und muß Gott dermaleinst Rechenschaft geben, daß die Justiz darin gehörig verwaltet wird.“

In seiner Stellungnahme zum Fall des Müller Arnold in Küstrin, der nach Ansicht Friedrichs des Großen vom Kammergericht ungerecht behandelt worden war, ließ der König erkennen, daß er gewillt war, mit absolutistischer Macht demokratische Prinzipien durchzusetzen. „Indem vor der Justiz alle Leute gleich sind“, schrieb er, „es mag ein Prinz sein, der wider einen Bauern klagt, oder auch umgekehrt, so ist der Prinz vor der Justiz dem Bauern gleich, und bei solchen Gelegenheiten muß nur nach der Justiz verfahren werden, ohne Ansehen der Person."

Was für den Prinzen galt, mußte auch für den König gelten. Am Rande des Schloßparks von Sanssouci stand eine Windmühle, deren Klappern ihn störte. Er wollte sie deshalb niederreißen lassen und machte dem Müller ein Kaufangebot. Als dieser ablehnte, bestellte ihn Friedrich der Große ins Schloß und sagte: „Wenn er mir seine Mühle nicht im guten gibt, lasse ich ihn durch einen Unteroffizier und sechs Mann vor die Tür setzen!" „Das könnten Sie, Majestät", antwortete der Müller gelassen, „wenn das verflixte Berliner Kammergericht nicht wäre!"

In England hatten sich die Untertanen bereits im Jahre 1215 in der Magna Charta das Grundrecht erkämpft, daß niemand seinem gesetzlichen Richter entzogen werden dürfe. Darauf gestützt, konnte *Sir William Blackstone* in seinem „Kommentar zum Recht in England" verkünden: „Es ist besser, daß zehn Schuldige entkommen, als daß ein Unschuldiger verfolgt wird."

Das englische Recht war pragmatisch und lebensnah. Der *Marquis of Halifax*, einer der angesehensten Staatsmänner seiner Zeit, hat dies einmal auf eine einprägsame Formel gebracht: „Menschen werden nicht gehenkt, weil sie Pferde stehlen. Sie werden gehenkt, damit andere keine Pferde stehlen."

Weise war auch der Rat, den *Lord Mansfield*, selbst ein erfahrener Richter, seinen jungen Kollegen mit auf den Weg gab: „Gib deine Entscheidungen, aber niemals deine Gründe bekannt. Deine Entscheidungen mögen richtig sein, deine Gründe sind sicher falsch.“

Eine vorwiegend auf Präzedenzfällen beruhende Rechtsprechung hat zwangsläufig manche Lücken. So erhielt England im Jahre 1689 ein neues Militärstrafrecht, die sogenannte Mutiny Bill. Den Anstoß zu diesem Gesetz gab nicht zuletzt ein britischer Soldat, der auf Wache eingeschlafen, angeklagt, vom Gericht aber freigesprochen wurde. Begründung: „Außer Nachtwächtern und Polizisten gibt es keine Briten, denen es das Gesetz verbietet, zur Nachtzeit zu schlafen.“

Der *Herzog von Marlborough* und Prinz Eugen von Savoyen waren nicht nur Waffengefährten, sondern auch Freunde. Während des Feldzuges in Flandern bat der Prinz den Herzog, er möge einem zum Tode verurteilten englischen Soldaten das Leben schenken. „Ich werde ihn begnadigen“, versprach der Herzog von Marlborough, „wenn sich herausstellt, daß Sie weniger Todesurteile vollstrecken ließen als ich.“ Nachforschungen ergaben, daß in der Armee des für seine Milde bekannten Prinzen weit mehr Soldaten hingerichtet worden waren als im englischen Heer. „Sehen Sie“, sagte der Herzog, „das ist der Unterschied zwischen Ihrer und meiner Justiz: Sie pardonieren viele und müssen deswegen viele exekutieren lassen. Ich pardoniere niemals, und deswegen wagen es so wenige, ein Verbrechen zu begehen.“

Richter stiegen in England zu den höchsten Würden empor. Einer von ihnen, *John Maynard*, war kaum Lordsiegelbewahrer geworden, als ihm ein junger Heißsporn vorwarf: „Sie sind so alt, daß Sie schon längst vergessen haben, was Recht ist.“ „Schon möglich“, erwiderte Maynard gelassen. „Ich habe vermutlich mehr Recht vergessen, als Sie überhaupt gelernt haben.“

Als der spätere *Lord Ashburton* noch der Rechtsanwalt Dunning war und vor Gericht plädierte, unterbrach ihn der Richter, Lord Mansfield, mit den Worten: „Wenn das, was Sie vortragen, Recht ist, gehe ich nach Hause und verbrenne meine Bücher.“ — „Mylord“, erwiderte Dunning kühn, „Sie sollten Ihre Bücher nicht verbrennen; Sie sollten sie lieber lesen!“

Thomas Erskine begann als Anwalt, stieg zum Justizminister empor und wurde schließlich Herzog. In seinem ersten Prozeß trat er so brillant auf, daß nachher der Richter, Lord Mansfield, zu ihm kam und sagte: „Das war das beste Plädoyer, das ich je gehört habe. Wie haben Sie das gemacht?“ „Ganz einfach“, erwiderte Erskine. „Ich habe mir vorgestellt, daß mich meine Kinder an der Robe zupfen und sagen: ‚Papa, wir brauchen Brot!‘ “

Auch im privaten Umgang war der Anwalt witzig und schlagfertig. Als in einer Gesellschaft einer der Anwesenden über unerträgliche Schlaflosigkeit klagte, sagte ihm Erskine: „Machen Sie es wie einer meiner Freunde. Er litt so unter Schlaflosigkeit, daß er in seiner Verzweiflung einen Posten als Nachtwächter annahm. Von da an hat er jede Nacht geschlafen.“

Im Jahre 1776 wurde in London ein Bankier unter der Beschuldigung angeklagt, versucht zu haben, König Georg III. zu entführen. Das Gericht sprach ihn frei, nachdem er zu seiner Verteidigung angeführt hatte: „Ich verstehe schon, daß ein König einen Bankier braucht. Ich wüßte aber wirklich nicht, was ein Bankier mit einem König anfangen soll!"

Auch der König hatte Humor. Als ein Buchdrucker vor Gericht gestellt wurde, weil er am Tage der Parlamentseröffnung eine angebliche Thronrede des Monarchen verkauft hatte, sagte *Georg III.:* „Ich hoffe, sie sprechen ihn frei. Ich fand seine Rede besser als meine."

Das hohe Ansehen, das die Justiz in England genoß, schloß nicht aus, daß man sich über sie lustig machte. In London erschien im Jahre 1784, illustriert mit einem Holzschnitt von *Thomas Bewick,* die Fabel „Vom parteiischen Richter": „Ein Bauer kommt zu einem benachbarten Anwalt und sagt: ‚Einer meiner Stiere hat einen Ihrer Ochsen getötet. Ich möchte gerne wissen, wie ich den Schaden gutmachen kann.' ‚Du bist ein ehrlicher Bursche', erwiderte der Anwalt, ‚und wirst es daher für gerecht finden, mir dafür einen deiner Ochsen zu geben.' ‚Das ist gewiß gerecht', sagte der Bauer, ‚doch habe ich mich geirrt: Nicht einer meiner Stiere hat einen Ihrer Ochsen getötet, sondern einer Ihrer Stiere einen meiner Ochsen!' ‚Ja, wenn das so ist', sagte der Anwalt, ‚dann muß ich die Angelegenheit erst einmal untersuchen, und wenn ...' ‚Was heißt: Und wenn?', unterbrach ihn der Bauer. ‚Wenn Sie bei mir kein Wenn gefunden haben, dann dürfen Sie bei sich auch kein Wenn finden!'"

Auch *Jonathan Swift* spottete über die Juristen. Als man in einer Gesellschaft über die Frage stritt, ob bei einem Empfang einem angesehenen Advokaten oder einem ebenso angesehenen Arzt der Vortritt gebühre, entschied Swift: „Zuerst der Advokat, dann der Arzt. Wie bei einer Hinrichtung: Voran der Verbrecher, dahinter der Henker!"

Bei anderer Gelegenheit diskutierte man darüber, wer in einem Rechtsstreit zwischen einem Heiligen und dem Teufel obsiegen würde. Swifts Entscheidung: „Natürlich der Teufel. Er hat alle Advokaten auf seiner Seite."

In „Gullivers Reisen" machte sich Swift über die Gesetzgeber lustig, indem er schrieb: „Es läßt sich beobachten, daß die Klasse der Gesetzgeber eine eigene Sprache hat oder einen Dialekt spricht, den kein anderer Sterblicher verstehen kann. In dieser Sprache sind alle ihre Gesetze geschrieben, und sie bemühen sich emsig, sie immer mehr auszubauen."

Lord Byron, dem sein Zeitgenosse Johann Wolfgang von Goethe „Kühnheit und Keckheit" bescheinigt hat, spottete: „Wenn ich einen Sohn habe, so soll er etwas Prosaisches werden: Jurist oder Seeräuber."

Am ärgsten waren die Spötter aus den eigenen Reihen. *Jeremy Bentham,* Begründer des Utilitarismus und bedeutender Theoretiker und Reformer des englischen Rechts, meinte einmal: „Rechtswissenschaft ist die Kunst, mit Methode zu ignorieren, was sonst jedermann weiß."

Als brillantester Anwalt Frankreichs galt am Beginn des 18. Jahrhunderts *Le Normand.* Dann tauchte ein neuer Stern auf: *Henri Cochin.* Nach seinem ersten Prozeß kam Le Normand zu ihm und sagte: „Das war wohl die hervorragendste Rede, die je vor einem französischen Gericht gehalten worden ist." Bescheiden erwiderte Cochin: „Mein Herr, Sie scheinen nicht zuzuhören, wenn Sie plädieren!"

Zu dem angesehenen Richter *René de Maupeau* kam ein Freund, trug ihm einen komplizierten Rechtsfall vor und sagte schließlich: „Ich werde klagen." „Tu das nicht", riet ihm Maupeau, „du wirst den Prozeß verlieren." „Aber mein Anwalt sagt, mein Fall sei eine gute Sache!", erwiderte der Freund. „Natürlich ist er eine gute Sache", sagte der Richter. „Aber nicht für dich!"

Madame de Foralgier wollte sich scheiden lassen, weil sie von ihrem Mann geohrfeigt worden war. Ihr Anwalt wies sie jedoch ab, da sie keinen Zeugen vorweisen konnte. Daraufhin eilte sie nach Hause, versetzte ihrem Mann einen Schlag auf die Wange und rief: „Mein Herr, hier haben Sie Ihre Ohrfeige zurück. Leider kann ich mit ihr nichts anfangen!"

Grimod de la Renière, Verfasser eines vielbeachteten „Almanach des gourmands", stammte aus einer Familie, die ihren Wohlstand auf nicht ganz zweifelsfreie Weise erworben hatte. Er sollte Richter werden, entschied sich aber für den Anwaltsberuf und begründete seinen Entschluß mit den Worten: „Als Richter müßte ich vielleicht einige Mitglieder meiner Familie auf die Galeeren schicken. Als Anwalt kann ich sie davor bewahren."

Achille de Harlay wurde unter Ludwig XIII. zum Präsidenten des Parlaments und damit zum obersten Richter Frankreichs gewählt. Als ihn seine Kollegen nach der Wahl baten, er möge ihnen im neuen Amt seine wohlwollende Hilfe zuteil werden lassen, antwortete Harlay mit unbewegtem Gesicht: „Die Guten brauchen sie nicht. Die Schlechten kriegen sie nicht."

Harlay war ein Zyniker, der sich über die Fragwürdigkeit der Justiz in einer absoluten Monarchie keine Illusionen machte. So erklärte er einmal: „Sollte man mich jemals beschuldigen, die Türme von Notre-Dame gestohlen zu haben, würde ich vorsichtshalber zunächst einmal die Flucht ergreifen . . ."

Eine bekannte Pariser Kokotte, die es in ihrem Gewerbe zu arg getrieben hatte, sollte zur Strafe in einen kleinen Ort nahe der Pyrenäen verbannt werden. Sie kam zu Harlay und bat ihn um Gnade, doch er vertröstete sie mit den Worten: „Madame, zwischen Ihnen und mir besteht ein für Sie höchst angenehmer Unterschied: Präsident des Parlaments von Frankreich kann man nur in Paris sein. Sie können dagegen Ihrem Gewerbe an jedem Ort der Welt nachgehen."

Der Enzyklopädist *Diderot* erzählt in seinen „Petits Papiers" die folgende Sottise: „Einer meiner besten Freunde mußte einmal zwei Prozesse zu gleicher Zeit führen. Seine Frau verklagte ihn, weil er impotent sei und seine Mätresse, weil sie von ihm ein Kind erwarte. Unglücklicherweise hat er beide Prozesse verloren."

Eine der Fabeln *La Fontaines* handelt von zwei Männern, die den Streit um eine Auster vor Gericht austragen wollten. Der Richter nahm die Auster, schlürfte sie mit Genuß und gab die leeren Hälften den Klägern mit den Worten:
„Seht, der Gerichtshof gibt jedem von euch eine Schale,
Kostenlos, damit ihr in Frieden zieht aus dem Saale."

Der Schriftsteller *Bautru* sah in einem Gerichtssaal ein allegorisches Gemälde, das die Justiz darstellte, die den Frieden umarmt. „Welch schönes Bild“, meinte er, „und wie sinnvoll: Die beiden nehmen für immer voneinander Abschied.“

Blaise Pascal meinte in seinen Meditationen über die Relativität des Rechts: „Es gibt fast nichts Gerechtes und nichts Ungerechtes, dessen Eigenschaft nicht mit dem Wechsel des Klimas wechselt. Drei Breitengrade näher oder weiter vom Pol und die ganze Jurisprudenz stürzt um. Ein Meridian entscheidet über die Wahrheit und ein paar Grade über den Besitz. Komische Gerechtigkeit, der ein Fluß oder ein Gebirge Grenzen setzt! Was diesseits der Pyrenäen Wahrheit ist, gilt jenseits von ihnen als Irrtum und umgekehrt!“

An Versuchen, die absolutistische Justiz zu reformieren, fehlte es nicht. So wandte sich der Schriftsteller *La Bruyère,* der selbst Anwalt gewesen war, gegen die Folterung und erklärte: „Die Folter ist eine absolut sichere Methode, um einen Unschuldigen von schwacher Gesundheit zu töten und einen Schuldigen von robuster Konstitution zu retten.“

Große Verdienste um die Reform der Justiz erwarb sich *Henri d'Aguesseau,* der unter Ludwig XV. Kanzler von Frankreich war. Die Bedeutung eines freien Anwaltsstandes hat d'Aguesseau einmal mit den schönen Worten gewürdigt: „Die Advokatur ist so alt wie das Richteramt, so edel wie die Tugend und so notwendig wie die Gerechtigkeit.“

Die Reformen vermochten aber die Revolution nicht zu verhindern, und als Ludwig XVI. vor seinen

Richtern stand, suchte er vergeblich nach einem Verteidiger. Der Anwalt Target lehnte ab, dessen Kollege Trochet zögerte, bis sich schließlich der zweiundsiebzigjährige *Malesherbes,* ein ehemaliger Minister des Königs, bereit erklärte, den Bürger Louis Capet zu verteidigen. Als er ihn während des Prozesses wiederholt mit „Majestät" anredete, rief ihm einer der Geschworenen zu: „Was macht Sie so verwegen?" Gelassen erwiderte Malesherbes: „Die Verachtung des Lebens, mein Herr."

Bald darauf wurden die Anwälte abgeschafft. Das Gesetz vom 22. Prairial verkündete: „Die natürlichen Verteidiger patriotischer Angeklagter sind die patriotischen Geschworenen. Verschwörer sollen dagegen keine Verteidiger finden."

Es begann der gefürchtete Terror, dessen Wesen *Robespierre* auf die einfache Formel brachte: „Wer zittert, ist schuldig!"

Tatsächlich zitterten bald alle. Ein halbes Jahr vor seiner Hinrichtung glitt der Girondist Gensonné auf den steilen Stufen zum Rednerpult des Konvents aus und meinte: „Das ist ja wie die Treppe eines Schafotts!" — „Natürlich", rief ihm der Montagnard *Carrier* höhnisch zu, „üb' nur schön!"

Die Verkörperung des Terrors war der öffentliche Ankläger *Antoine Fouquier-Tinville.* Als der Deputierte Mouchy wegen Konspiration angeklagt wurde, erwiderte man, das sei wohl schwer möglich, da der Beschuldigte vollkommen taub sei. Ungerührt erwiderte Fouquier-Tinville: „Dann schreiben wir in die Anklageschrift, daß er unerhörte Verbrechen begangen hat."

Zu den ersten Opfern des Terrors zählte der gemäßigte Girondist *David Lasource,* der nach der Verkündung des Todesurteils seinen Richtern zurief: „Ich sterbe, weil das Volk den Verstand verloren hat. Ihr werdet sterben, sobald es ihn wiedergewonnen hat!"

Der Terror machte vor niemandem halt. Der berühmte Chemiker und Physiker Antoine Lavoisier wurde zum Tode verurteilt, weil er Steuerpächter geworden war, um mit den Einnahmen seine wissenschaftlichen Arbeiten finanzieren zu können. Als er bat, die Vollstreckung des Urteils für einige Tage aufzuschieben, um ein wichtiges Experiment beenden zu können, erwiderte der Vorsitzende des Tribunals, *Coffinhal:* „Die Republik braucht weder Chemiker noch Physiker!"

Lavoisier wurde am 8. Mai 1794 hingerichtet. Als er sein Haupt unter das Fallbeil legte, sagte sein Kollege *Lagrange,* der zu Füßen der Guillotine stand: „Man braucht nur einen Augenblick, um ihm den Kopf abzuschlagen, doch man wird hundert Jahre suchen müssen, um wieder einen solchen Kopf zu finden."

Georges Danton hatte sich vergeblich gegen den Terror aufgelehnt und für Milde plädiert. Als man ihn vor der Rache Robespierres warnte, antwortete er: „Es ist besser, guillotiniert zu werden, als zu guillotinieren!"

Bald darauf stand Danton vor Gericht. Auf die Frage des Vorsitzenden nach Namen und Wohnort antwortete er: „Mein Name ist im Pantheon der Geschichte und meine Wohnung wird bald im Nichts sein."

Eine der Anklagen, die der Vorsitzende vorbrachte, lautete: „Sie haben Gelder von allen Parteien genommen." Danton erwiderte: „Ein Mensch wie ich ist unbezahlbar."

Camille Desmoulins, Mitangeklagter Dantons, wurde vom Vorsitzenden des Tribunals nach seinem Alter gefragt. Der eitle Desmoulins machte sich um ein Jahr jünger und antwortete: „Ich bin so alt wie der gute Sansculotte Jesus, für Revolutionäre ein gefährliches Alter."

Dem listenreichen *Joseph Fouché* gelang es schließlich, Robespierre zu stürzen und damit die Schrekkensherrschaft zu beenden. Als Fouché bald darauf Polizeiminister wurde, definierte er die Aufgaben seines Amtes mit den Worten: „Ein Polizeiminister muß sich um alles kümmern, was ihn angeht. Und ganz besonders muß er sich auch um alles kümmern, was ihn nicht angeht."

Fouché war nicht der einzige, der den Terror überlebt hatte. Am 18. Mai 1804 ließ sich Napoleon zum Kaiser krönen. Als er unter den Gästen der Krönungsfeierlichkeiten *Chauveau-Lagarde* erblickte, richtete er an ihn die Frage: „Ist es wahr, mein Herr, daß Sie Marie-Antoinette verteidigt haben?" „Sire", antwortete Chaveau-Lagarde würdevoll, „ich habe die Königin von Frankreich verteidigt."

Im April 1810 vermählte sich Napoleon in zweiter Ehe mit der Erzherzogin Marie Louise. Fouché, inzwischen zum Herzog von Otranto ernannt, befand sich unter den Hochzeitsgästen. „Stimmt es", fragte ihn Napoleon, nachdem man zum Festbankett Platz genommen hatte, „daß Sie für die Hinrichtung Ludwigs XVI. gestimmt haben, der der Onkel der Kaiserin war, die an meiner Seite sitzt?" „Es stimmt", erwiderte Fouché gelassen, „und es war der erste Dienst, den ich Eurer Majestät geleistet habe."

Napoleon ließ zwar nach einer Unterbrechung von zwanzig Jahren wieder Verteidiger bei Gericht zu, hielt aber nicht viel von ihnen. Als man ihm berichtete, ein Anwalt habe in seinem Plädoyer die Regierung kritisiert, erklärte er: „Einem Anwalt, der gegen die Regierung spricht, sollte man die Zunge abschneiden."

Königtum, Republik, Kaiserreich, Königtum, Republik — der ständige Wechsel der Systeme hatte der Rechtssicherheit geschadet und den Opportunismus begünstigt. Einer, der es verstanden hatte, sich anzupassen, war der *Generalprokurator Dupin,* genannt das „Chamäleon der Politik". Als man ihm einmal vorwarf, eine seiner Entscheidungen vergewaltige das Gesetz, antwortete er: „Das ist eine Übertreibung. Sie vergewaltigt das Gesetz nicht. Sie blickt ihm höchstens ein wenig unter die Röcke."

Ähnlich zynisch äußerte sich *Henri de Rochefort* über die Vergangenheit: „Die Menschen gehen immer an ihren eigenen Fehlern zugrunde. Ludwig XVI. hätte es so leicht gehabt, der Guillotine zu entgehen: Er hätte nur rechtzeitig die Todesstrafe abschaffen müssen!"

Pierre Berrière, einer der angesehensten Anwälte Frankreichs und Mitglied der „Academie Française", wurde im Jahre 1832 verhaftet und angeklagt, mit der Herzogin von Berry eine Verschwörung zugunsten ihres Sohnes Henri angezettelt zu haben. Der

Prozeß fand in Blois an der Loire statt. Die besten Anwälte Frankreichs hatten die Verteidigung ihres berühmten Kollegen übernommen. Als die Verhandlung begann, nahmen sie neben Berrière Platz und wurden daraufhin vom Vorsitzenden belehrt: „Meine Herren, Sie gehören auf die Verteidigerbank. Das ist der Platz des Angeklagten." Der Sprecher der Anwälte erwiderte: „Das wissen wir, aber in diesem Prozeß ist der Platz des Angeklagten der Platz des Rechts!"

Berrière war berühmt, aber nicht wohlhabend, denn er war materiell desinteressiert und verteidigte oft bedürftige Klienten ohne Honorar. „Ich verstehe Sie nicht", sagte ihm einer seiner Kollegen. „Für Sie liegt das Geld auf der Straße. Sie brauchen sich nur zu bücken, um es aufzuheben." „Das mag sein", erwiderte Berrière. „Aber ich bücke mich nicht gerne!"

Weitblickende Herrscher des 18. Jahrhunderts hatten versucht, der Revolution durch Reformen zuvorzukommen. Als *Leopold II.* noch Großherzog von Toskana war, schaffte er die Todesstrafe und die Folter ab und erneuerte das Justizwesen. So sank die Zahl der Häftlinge in den Gefängnissen Toskanas zwischen 1766 und 1786 von 2398 auf 64. Leopold pflegte allerdings manchmal den Ausspruch eines Mannes zu zitieren, der ihm gesagt hatte: „Die Gefängnisse sind leer, aber die Verbrecher spazieren auf den Straßen."

Leopolds Mutter, Maria Theresia, hatte in Justizfragen einen vielseitigen Berater. *Joseph Freiherr von Sonnenfels* war Jurist, Hofrat, Professor der Staatswissenschaft an der Wiener Universität und überdies ein fruchtbarer Publizist. Von 1765 bis 1767 gab er die Zeitschrift „Der Mann ohne Vorurteile" heraus, 1768 erschienen seine „Briefe über die wienerische Schaubühne", die den Anstoß zur Erhebung des Burgtheaters zum deutschen Nationaltheater gaben, und 1775 veröffentlichte er seine Schrift „Über Abschaffung der Tortur". Sonnenfels war auf seine praktischen Werke — er hatte unter anderem die Laternenbeleuchtung auf dem Glacis eingeführt — mindestens ebenso stolz wie auf seine wissenschaftlichen Arbeiten. Als er eines Tages mit einem Gelehrten aus dem Ausland, dem er Wien gezeigt hatte, von Schönbrunn in die Stadt fuhr, rief der Besucher beim Anblick des aufgehenden Mondes aus: „Welch herrliche Beleuchtung!" „Natürlich", sagte Sonnenfels, der nur an seine Glacis-Laternen dachte, „die ist auch von mir!"

Joseph II. setzte die von seiner Mutter Maria Theresia begonnenen Reformen fort. Im Jahre 1781 erließ er das Toleranzedikt, das ein wesentlicher Schritt auf dem Weg zur Religionsfreiheit war und insbesondere der jüdischen Bevölkerung zugute kam. Allerdings warf es juristische Probleme auf. Die Zugpferde jüdischer Gewerbetreibender waren mit einer eigenen Steuer belegt gewesen, gegen deren Aufhebung im Staatsrat protestiert wurde. „Kann man Pferde taufen?" fragte Joseph II. seine Räte. „Natürlich nicht, Majestät", lautete die Antwort. „Na also", sagte der Kaiser, „dann sind die Judenpferde genauso zu behandeln wie die Christenpferde."

Im Gefolge des Toleranzedikts nahm das Sektenwesen in Böhmen immer mehr überhand. Joseph II. erließ daraufhin am 10. Juli 1783 ein Hofdekret, in dem es hieß: „Wenn sich ein Mann, Weib oder wer immer bei einem Kreisamte als Deist, Israelit, Abrahamit oder sogenannter Lampelbruder meldet, sollen ihm ohne weitere Anfrage 24 Karbatschenstreiche auf den Hintern gegeben werden. Nicht weil er ein Deist, Israelit, Abrahamit oder Lampelbruder ist, sondern weil er behauptet, etwas zu sein, von dem er nicht weiß, was es ist."

Auch die von Joseph II. verfügte Lockerung der Zensur hatte juristische Probleme im Gefolge. Es gab noch kein Urheberrecht und dementsprechend blühte der Raubdruck; jedermann konnte nach Belieben Bücher vervielfältigen. In Wien beschwerte sich eines Tages der Verleger *Nicolai* beim Buchdrucker Trattner, den er auf einem Spaziergang traf, über diese Praktiken und erhielt zur Antwort: „Was wollen Sie? Ich habe eines Ihrer Bücher gekauft und kann damit machen, was ich will!" Darauf sagte Nicolai: „Sie haben da einen besonders schönen Spazierstock. Würden Sie ihn mir verkaufen?" Trattner ging, um den erbosten Verleger zu besänftigen, auf den Handel ein, doch kaum hatte Nicolai den Stock in der Hand, begann er seinen Gesprächspartner zu verprügeln. „Was wollen Sie", belehrte der Verleger den wehklagenden Trattner, „Sie kaufen meine Bücher und machen damit, was Sie wollen, und ich kaufe Ihren Stock und mache damit, was ich will!"

Einer der eifrigsten Reformer am Hofe Josephs II. war kein Jurist, sondern ein Arzt. *Johann Peter Frank* hatte in Heidelberg promoviert und war in Wien Direktor des Allgemeinen Krankenhauses geworden. Im Jahr 1779 veröffentlichte er den ersten Band seines „Systems einer vollständigen medicinischen Polizey", mit dem er bewies, wie sehr die Aufklärer die Wegbereiter des totalen Obrigkeitsstaates

4/5 Der verlorene und der gewonnene Prozeß. Zwei Zeichnungen von Honoré Daumier

6 *Das große Plädoyer. Fliegende Blätter, 1880*

waren. So hieß es in dem Kapitel „Bessere Einrichtungen in betreff der Tanz-Ergötzungen“ unter anderem: „Die Obrigkeit kann mit Recht die Dauer der Bälle, auch wegen der Gesundheit der Gesellschaften bestimmen; sie wird mit vielem Vorteil ein Verbot auf gewisse allzuheftige Tänze, auf das sogenannte Walzen und dergleichen legen; sie wird den Eltern und Anverwandten verbieten, ihre Töchter ohne Aufsicht oder zu gewissen unsicheren Zeiten zu so heftigen Lustbarkeiten zu lassen; und sie muß das Auseinandergehen der Tanzgesellschaften, ehe wenigstens eine halbe Stunde nach dem Tanzen ruhig verflossen sei, untersagen; besonders aber jedermann, vorzüglich junge Mädchen, mit den Folgen eines Fehlers wider solche Anstalten bekannt machen.“

Getreu der Devise „Alles für das Volk, nichts durch das Volk“ blieb *Joseph II.* allen Reformen zum Trotz absoluter Monarch und somit auch oberster Gerichtsherr. Jedermann konnte zu seinen regelmäßigen Audienzen im Kontrollorgang der Wiener Hofburg erscheinen, um Gnadengesuche vorzulegen. Dabei erwies sich der Monarch als strenger Richter. Eine Dame, die in weitausladender Krinoline bei ihm vorsprach, wies er zurecht: „Der Weg zur Gnade ist schmal, Madame. Mit diesem breiten Rock werden Sie da nicht durchkommen.“

Eine andere Dame, die der neuesten Mode „à la Turque“ gemäß mit einem turbanartigen Kopfputz erschien, belehrte er: „Was will sie von mir? Ihr Herrscher ist offensichtlich nicht der Kaiser, sondern der Sultan!“

Eine Aristokratin fragte den Kaiser, ob die Strafen im neuen Gesetzbuch auch für Adelige Geltung hätten. „Natürlich nicht", antwortete Joseph II., „dazu schätze ich den Adel viel zu hoch. Sollte ein Aristokrat je ein Verbrechen begehen, würde er natürlich des Adels entkleidet werden, bevor er der Justiz übergeben wird."

In Preußen war es der Staatsminister *Freiherr vom Stein*, der mit unerbittlichem Gerechtigkeitssinn Reformen in Justiz und Verwaltung durchgeführt hatte. So zögerte er nicht, den Angehörigen einer adeligen Familie vor Gericht zu bringen, weil er sich als Obersteuereinnehmer finanzielle Vorteile verschafft hatte. Der Mann wurde zwar wegen Betruges verurteilt, dank seiner Beziehungen aber vorzeitig aus dem Gefängnis entlassen. Als er bei vom Stein erschien, um ihm mitzuteilen, daß er dank königlicher Gnade rehabilitiert sei, wies ihm der Minister mit den Worten die Tür: „Der König kann einem Verurteilten die Strafe erlassen. Der König kann aber nicht aus einem Schurken einen ehrlichen Mann machen."

In Weimar diente unter dem Staatsminister *Johann Wolfgang von Goethe* ein Justizreferendar, der stets mit klirrenden Sporen zum Dienst erschien. Goethe gewöhnte dem jungen Mann dieses Auftreten ab, indem er ihm eines Tages freundlich sagte: „Herr Referendarius, reiten Sie bitte gefälligst hinüber in die Registratur und holen Sie mir einige Akten, die ich benötige."

Goethe hatte in Straßburg die Rechte studiert, doch war seine Dissertation über das kirchengeschichtliche Thema „Der Gesetzgeber ist nicht allein berechtigt, sondern verpflichtet, einen gewissen Kultus festzusetzen, von welchem weder die Geistlichkeit noch die Laien sich lossagen dürfen" abgelehnt worden. Er erwarb daraufhin durch Verteidigung von Thesen den Grad eines Lizentiaten der Rechte, wobei die Disputation, laut seiner eigenen Aussage, „unter Opposition meiner Tischgenossen mit großer Lustigkeit, ja Leichtfertigkeit" vor sich ging. Zwei Tage nach der Prüfung, am 6. August 1771, besuchte Goethe noch einmal Friederike Brion in Sesenheim, dann kehrte er in seine Vaterstadt Frankfurt am Main zurück, wo er im Alter von zweiundzwanzig Jahren als Rechtsanwalt am Schöffengericht zugelassen wurde. Er führte in den nächsten vier Jahren 28 Prozesse, wobei er in seinen Schriftsätzen derartiges Temperament an den Tag legte, daß der Hohe Gerichtshof in Wetzlar „die gebrauchte unanständige, nur zur Verbitterung der ohnehin aufgebrachten Gemüter ausschlagende Schreibweise ernstlich" rügte. Viel später hat dann Goethe seinen jugendlichen Ungestüm als Anwalt mit den Worten gerechtfertigt: „Wer das Falsche verteidigen will, hat alle Ursache, leis aufzutreten und sich zu einer feinen Lebensart zu bekennen. Wer dagegen das Recht auf seiner Seite fühlt, muß derb auftreten; ein höfliches Recht will gar nichts heißen."

Zwanzig Jahre nachdem Goethe in Straßburg Rechtslizentiat geworden war, bezog *E. T. A. Hoffmann* die Königsberger Universität, um Jura zu studieren, und beschrieb seinen Tagesablauf wie folgt: „Wochentags bin ich Jurist, sonntags Zeichner und abends ein sehr witziger Autor bis spät in die Nacht."

Als E. T. A. Hoffmann 1791 nach Königsberg kam, hielt dort Immanuel Kant seine nicht immer leicht verständlichen Vorlesungen. Als man Hoffmann fragte, ob er gedenke, Hörer bei Kant zu werden, antwortete er: „Ich spreche Lateinisch, Französisch, Englisch und Polnisch. Eine fünfte Fremdsprache will ich nicht mehr lernen."

Ein gemütlicher Dichter-Jurist war *Ignaz Castelli*, der Chronist des österreichischen Vormärz. Obwohl der Dienst im niederösterreichischen Landhaus, in dem er als Beamter tätig war, um neun Uhr morgens begann, erschien er meist erst dann, wenn die Glocke der nahegelegenen Minoritenkirche zur Mittagsmesse läutete; sie hieß deshalb im Volksmund die „Castelli-Glocke". Als er eines Tages wie gewohnt verspätet zum Dienst kam, erwartete ihn sein Vorgesetzter mit gezückter Taschenuhr und den Worten: „Ich habe Sie wiederholt ermahnt, die Amtsstunden einzuhalten. Heute ist es schon wieder ein Viertel nach elf." „Pardon", erwiderte Castelli ungerührt, „Ihre Uhr geht falsch. Es ist bereits halb zwölf!"

Auch Franz Grillparzer hatte ursprünglich die Rechte studiert, war dann aber nach kurzer Tätigkeit bei der k. k. Niederösterreichischen Bankalgefällenadministration in den Bibliotheksdienst getreten. Jurist war Grillparzer nicht zuletzt auf Betreiben seines Onkels, *Ignaz von Sonnleithner*, geworden, der Advokat, Professor und überdies ein großer Spötter war. Einer der Kollegen Sonnleithners, der jüdische Anwalt Joelson, pflegte seine Schriftsätze mit der Bezeichnung „iuris utriusque doctor", abgekürzt „i. u. d.", zu fertigen. „Warum er das macht?" fragte Sonnleithner und gab selbst die Antwort darauf: „Damit jeder sieht, er ist ein Jud."

Die Anwälte hatten im Lauf der Zeit Fürsprecher, Consulenten, Advocaten, Procuratoren oder Concipienten geheißen. In einer bayerischen Verordnung vom 13. August 1804 tauchte zum ersten Male die amtliche Bezeichnung „Rechtsanwalt“ auf. Der preußische Advocat wurde erst durch eine Verordnung vom 2. Jänner 1849 in einen Rechtsanwalt umgewandelt und reichseinheitlich wurde der Titel erst durch die Rechtsanwaltsordnung vom 1. Juli 1878. In einer Verordnung zum Armenrecht in Rheinpreußen tauchte er am 16. Februar 1823 in einer eigentümlichen Schreibweise auf: „Rechtsanwald.“

Die Titel der Juristen änderten sich, die Meinungen über ihren Beruf blieben gleich. Als *Adolf Freiherr von Knigge* im Jahre 1788 sein Buch „Über den Umgang mit Menschen“ veröffentlichte, widmete er ein eigenes Kapitel dem „Umgang mit Juristen“. Darin hieß es einleitend: „Einen besseren Rat weiß ich nicht zu geben als den: Man hüte sich, mit seinem Vermögen oder seiner Person in die Hände der Justiz zu fallen. Man weiche auf alle mögliche Weise jedem Prozeß aus und vergleiche sich lieber, auch bei der sichersten Überzeugung vom Recht. Man gebe lieber die Hälfte dessen hin, was uns ein anderer streitig macht, bevor man es zum Schriftwechsel kommen lasse.“

Für den Fall, daß man doch zu Gericht gehen mußte, gab Freiherr von Knigge folgende Ratschläge: „Hat uns aber der böse Feind zu einem Prozesse verholfen, so suche man sich einen redlichen, uneigennützigen Rechtsbeistand — man wird oft ein wenig lange suchen müssen — und bemühe sich, mit ihm einig zu werden, indem man ihm außer seinen Gebühren noch reichere Bezahlung verspricht, nach Verhältnis der Kürze der Zeit, binnen der er die Sache zu Ende bringen wird. Man mache sich gefaßt, nie wieder in den Besitz seiner Güter zu kommen, wenn diese einmal in Advokaten- und Kuratorenhände geraten sind, besonders in Ländern, wo alter Schlendrian, Schläfrigkeit und Inkonsequenz in Geschäften herrschen."

Abschließend stellte Adolf von Knigge folgende Verhaltensregeln auf: „Man waffne sich mit Geduld in allen Geschäften, die man mit Juristen von gemeinem Schlage vorhat. Man bediene sich auch keines Juristen zu Dingen, die schleunig und einfach behandelt werden sollen. Man sei äußerst vorsichtig im Schreiben, Reden, Versprechen und Behaupten gegenüber Rechtsgelehrten. Sie kleben am Buchstaben; ein juristischer Beweis ist nicht immer ein Beweis der gesunden Vernunft; juristische Wahrheit ist zuweilen etwas mehr, zuweilen etwas weniger als gemeine Wahrheit; juristischer Ausdruck nicht selten einer anderen Auslegung fähig als gewöhnlicher Ausdruck und juristischer Wille oft das Gegenteil von dem, was man im gemeinen Leben Willen nennt."

Drastischer als der Freiherr von Knigge drückt sich *Ludwig Börne* in den Dialogen seiner „Rede eines Vaters zu seinem in der Wiege liegenden Kind" aus: „Vater, was ist ein Advokat?" — „Ein Advokat, mein Sohn, das ist ein Mann, der zwei Männer dazu veranlaßt, zu einer Prügelei die Röcke auszuziehen und dann mit ihrem Zeug davonläuft."

Selbst der gutmütige *Matthias Claudius* spottete in seinem Gedicht „Der Bauer nach geendigtem Prozeß":

„Gottlob, daß ich ein Bauer bin
Und nicht ein Advokat,
Der alle Tage seinen Sinn
Auf Zank und Streiten hat.

Und wenn er noch so ehrlich ist,
Wie sie nicht alle sind,
Fahr ich doch lieber meinen Mist
In Regen und in Wind.

Denn davon wächst die Saat herfür,
Ohn Hilfe des Gerichts;
Aus nichts wird etwas dann bei mir,
Bei ihm aus etwas nichts.

Gottlob, daß ich ein Bauer bin,
Und nicht ein Advokat!
Und fahr ich wieder zu ihm hin,
So breche mir das Rad!"

Zur gleichen Zeit wie Matthias Claudius dichtete *Justus Frey:*

„Das Gesetz ist ein Netz
mit Maschen. Durch die weiten
schlüpfen die Gescheiten
und in den engen
bleiben die Dummen hängen."

Der Spott der Zeitgenossen vermochte nicht die Tatsache zu verdunkeln, daß der Rechtswissenschaft am Beginn des 19. Jahrhunderts neue, hervorragende Vertreter erwuchsen; allen voran Savigny und Feuerbach. *Friedrich Karl von Savigny* war Professor des römischen Rechts in Marburg, Landshut und schließlich in Berlin, später preußischer Justizminister und als geistiges Haupt der Historischen Rechtsschule ein Gelehrter, der weit über die Jurisprudenz hinaus die Geisteswissenschaften seiner Zeit bereicherte. *Clemens Brentano* hat dem jungen Savigny, der bereits im Alter von 16 Jahren das Studium an der Marburger Universität aufgenommen hatte, in „Des

Knaben Wunderhorn" ein schönes literarisches Denkmal gesetzt, als er in der zehnten Romanze des Gedichtes „Hoffart will Zwang haben" über ihn schrieb:

„Von Folianten rings umgeben
Sitzt der stolze Jacopone.
Hochgeehrt von den Clienten
Ist der junge weise Doktor."

Selbst ein so großer Geist wie Savigny vermochte sich über manche Auffassungen seiner Zeit nicht hinwegzusetzen. Seine Schwägerin, Bettina von Arnim, ersuchte ihn, die Habilitierung des Juristen Oppenheim an der Berliner Universität zu befürworten. Savigny sah sie lange und durchdringend an und wies dann ihr Ansinnen mit den Worten zurück: „Bettina, merke dir: Ein Jude kann und darf niemals Professor an einer preußischen Universität werden!"

Einer der Vorgänger Savignys als preußischer Justizminister war *Friedrich Leopold von Kircheisen*. Als er noch das Amt eines Präsidenten des Kammergerichtes ausübte, besuchte Kircheisen eines Tages den befreundeten Kriminalisten Hitzig, fand auf dessen Schreibtisch eine eben erschienene juristische Broschüre, entdeckte in ihr eine interessante Stelle und bat: „Darf ich sie mir für einige Tage leihen?" Dreiundzwanzig Jahre später benötigte Hitzig die Broschüre, worauf sie Kircheisen mit dem Bemerken zurückstellte: „Ich bitte, sie wieder entlehnen zu dürfen. Ich bin nämlich noch nicht dazugekommen, sie zu lesen."

Anselm von Feuerbach, zunächst Professor in Jena, Kiel und Landshut, dann Referent im bayerischen Justizdepartement und schließlich Präsident des Appellationsgerichtes in Ansbach, war ein Wegbereiter der modernen Strafrechtswissenschaft. 1806 arbeitete er ein Gesetz über die Abschaffung der Folter aus, 1813 schuf er ein neues Strafgesetzbuch für das Königreich Bayern und 1821 trat er in einer Schrift für „Öffentlichkeit und Mündlichkeit gerichtlicher Verhandlungen“ ein. Die Notwendigkeit richterlicher Unabhängigkeit hat er einmal auf die einprägsame Formel gebracht: „Ein König, welcher heute einem Richter eine Ungerechtigkeit befiehlt, kann ihn morgen dafür vor Gericht stellen, daß er ihm Gehorsam erwiesen hat.“

Ebenso prägnant hat Feuerbach die Bedeutung des Anwaltsstandes formuliert: „Wenn ein Wolf dem Hirten zuspräche, dieser möge den widerlichen unhöflichen Schäferhund an Ketten legen, dann wüßte jedermann, was solche Rede für eine Bedeutung habe. Aber das scheint man nicht immer einzusehen, was es bedeutet, wenn zuweilen Richter und Gewaltige gegen die Nutzlosigkeit und Verderblichkeit des Advokatenstandes eifern.“

Das Musterbeispiel eines pedantischen Juristen war der Marburger Zivilrechtslehrer *Robert,* dem Ordnung, Systematik und vor allem Symmetrie über alles ging. Als er einige Knaben in seinem Garten beim Naschen von Stachelbeeren erwischte, wies er sie entrüstet zurecht: „Ihr Schlingel, die ganze Ordnung versaut ihr mir. Jetzt müßt ihr den Strauch, der dort drüben steht, auch noch kahlfressen!“

Alles andere als ein Pedant war *Otto von Bismarck,* der 1837 gemeinsam mit dem späteren Professor für Kriminalrecht, Eberty, beim Berliner Stadtgericht zu praktizieren begann. Sein erster Vorgesetzter, der Regierungsrat Wilke, stellte ihm folgendes Zeugnis aus: „Der Auskultator Otto von Bismarck wäre zu den höchsten Ämtern qualifiziert, wenn er seine sichtliche Abneigung gegen alle Bürotätigkeit siegreich bekämpfen würde."

Bismarck hatte eines Tages eine keifende Frau zu verhören, die ihn ständig unterbrach, so daß er sie schließlich ermahnte: „Wenn Sie nicht augenblicklich still sind, werfe ich Sie hinaus!" Der im Zimmer anwesende Stadtgerichtsrat belehrte ihn: „Herr Auskultator, hier hat niemand das Recht hinauszuwerfen als ich." Als die Frau nach einiger Zeit wieder dreinzureden begann, sagte ihr Bismarck: „Ich ermahne Sie zum letzten Male. Wenn Sie nicht still sind, lasse ich Sie durch den Herrn Stadtgerichtsrat hinauswerfen!"

Bismarck verließ das Berliner Stadtgericht im Jahre 1839, ein Jahr zu früh, um noch Ohrenzeuge des Ausspruches eines Zeugen zu werden, der zum geflügelten Wort wurde: „Mein Name ist Haase. Ich weiß von nichts!"

Der Abgang Bismarcks vom Stadtgericht erfolgte überraschend. Er war beim Regierungspräsidenten in Potsdam erschienen, da er um einige Tage Urlaub ansuchen wollte. Der Präsident ließ den jungen Referendar vor seinem Schreibtisch stehen und las unbekümmert weiter in Akten, bis er schließlich aufblickte und brüsk fragte: „Was wünschen Sie?" Ebenso brüsk antwortete Bismarck: „Eigentlich bin ich gekommen, um einige Tage Urlaub zu erwirken. Nun bitte ich aber um meinen Abschied!"

Schon vorher hatte sich Bismarck nur widerwillig in das Reglement des Justizdienstes gefügt. So machte er in einem Gutachten zur Frage der Entschädigung enteigneter Gutsbesitzer folgende kritische Bemerkungen: „Wie soll man diesem Zeitgeist, der jetzt als Junker Dampf mit Höllenlärm durch alle Fluren saust, einen Freipaß geben durch alle Gefilde, daß er alle Spuren lieber Erinnerungen unter die Füße tritt? Sie können es mir gar nicht mit Geld bezahlen, wenn sie den Park meines Vaters in einen Karpfenteich oder das Grab meiner Tante in einen Aalsumpf verwandeln."

Während Bismarck über den Zeitgeist des technischen Fortschritts klagte, setzte die Obrigkeit gegen den Zeitgeist des politischen Fortschritts alle ihre verfügbaren Mittel, darunter in erster Linie die Zensur, ein. In Wien spottete *Johann Nepomuk Nestroy* darüber: „Ein Zensor ist ein menschgewordener Bleistift oder ein bleistiftgewordener Mensch, ein fleischgewordener Strich über die Erzeugnisse des Geistes, ein Krokodil, das an den Ufern des Ideenstromes lagert und den darin schwimmenden Literaten die Köpf' abbeißt."

Im „Münchener Sonntagsblatt" war zum gleichen Thema zu lesen:
„Glücklich allein ist der Schlafende nur,
Er schnarcht ohne Polizei und träumt ohne Zensur."

In Wien hat *Franz Carl Högelin* in seiner „Denkschrift über die Zensur an den Hoftheatern" einige Beispiele dafür geliefert, wie eng die Obrigkeit damals die Grenzen des Erlaubten zog: „In ‚Kabale und Liebe' befindet sich eine fürstliche Maitresse; dieser Charakter ist anstößig, also das ganze Stück nicht zulässig. — Personen männlichen Geschlechts können der Tugend Schlingen legen, Versuche und sträfliche Anträge machen, allein ein Frauenzimmer kann nie, wäre es auch nur zum Scheine, einwilligen. — Wissentliche Kuppler und Kupplerinnen können nie ausführbare Charaktere sein. Der Kammerherr Marinelli in der ‚Emilia Galotti' kuppelt zwar seinem Fürsten, allein er tut es nicht aus Gewerbe, sondern als ein niederträchtiger Höfling. — Der Zensor hat auch darauf zu sehen, daß nie zwei verliebte Personen miteinander allein abtreten, um sich in ein Kabinett oder Haus hineinzubegeben, wodurch der Zuschauer bewogen wird, Arges zu vermuten. — Der ‚Doktor Faust' von Weidmann ist anstößig, weil der Engel, der darin vorkommt, viel weniger Verstand in seinen Reden gegen den Verführer zeigt, als Mephistofeles, der viel mehr Witz in seinen Gegengründen für das Laster äußert."

Die Zensur war nicht zuletzt deshalb so verhaßt, weil sie außerhalb der Rechtsordnung stand und gegen sie kein Rechtsmittel anwendbar war. Niemand hat dies deutlicher erfahren als *Franz Grillparzer*, dessen Drama „König Ottokars Glück und Ende" sofort nach seinem Erscheinen im Jahre 1825 verboten wurde, obwohl es eine Verherrlichung des Hauses Habsburg darstellte. Als Grillparzer Jahre später einen Beamten der Hofzensurstelle nach den Beweggründen dieser völlig unerfindlichen Maßnahme fragte, antwortete ihm der Hofrat: „Ja, schaun S', daß in dem Stück nichts Gefährliches enthalten ist, hab' i ja glei' g'sehn. Aber i hab' mir halt dacht: man kann nie wissen . . ."

Grillparzer war es noch immer besser ergangen als *Johann Nestroy*, der im November 1835 wegen Extemporierens und Verspottung des Kritikers Wist auf offener Bühne zu fünf Tagen Arrest verurteilt wurde. Aus dem Arrest schrieb er seinem Freund, den Hofschauspieler Karl Lukas: „Mein Arrest ist vollkommen der Kerkeretikette gemäß. Die Schlösser an meiner Türe haben die Größe derer, die man gewöhnlich vor den Kerkertüren der Hochverräter antrifft. Die Bewachung vor einem möglichen Echappieren ist so sorgfältig, als ob ich um zwei Millionen Obligationen verfälscht, sieben dreizehnjährige Jungfrauen genotzüchtigt sowie einige Kinder und diverse Erwachsene umgebracht hätte."

Bald darauf wanderte Nestroy neuerlich für zwei Tage in den Arrest. Die Bäckerinnung hatte ihn verklagt, weil er auf der Bühne über das Untergewicht der Wiener Semmeln gespottet hatte. Beim ersten Auftritt nach der Entlassung aus dem Arrest ließ sich Nestroy von seinem Partner auf der Bühne fragen, ob er in der Haft gut verpflegt worden sei, und antwortete:

„Das Hungern, Freunderl,
Braucht im Arrest net zu sein,
Man warf mir die Semmeln
Durchs Schlüsselloch rein!"

Nichts charakterisierte Macht und Unberechenbarkeit der Zensur besser als der Ausspruch eines österreichischen Kaisers. Als sich der Burgschauspieler Heurteur mit der Bitte an *Franz II.* wandte, die Zensur möge die Aufführung des verbotenen Schauspiels „Die Kreuzfahrer" von Kotzebue freigeben, antwortete ihm der Kaiser: „Ich will's lesen, aber Sie werden sehen: Wir richten nichts aus!"

Die Vergeblichkeit der vormärzlichen Zensur und ihrer Kontrollen hat der Dichter-Jurist *Heinrich Heine* in seiner Reisebeschreibung „Deutschland, ein Wintermärchen" im Jahre 1844 verspottet:

„Ihr Toren, die ihr im Koffer sucht!
Hier werdet ihr nichts entdecken!
Die Konterbande, die mit mir reist,
Die hab ich im Kopfe stecken ...

Viele Bücher trag ich im Kopf!
Ich darf es euch versichern,
Mein Kopf ist ein zwitscherndes Vogelnest
Von konfiszierten Büchern."

Die Revolution, die vier Jahre später ausbrach, sah viele Juristen an führender Stelle. — Nicht alle waren so ungestüm wie der Mannheimer Rechtsanwalt *Friedrich Hecker,* der aus Deutschland eine Republik machen wollte, aber mit seinen Getreuen von den Regierungstruppen geschlagen wurde und ins Exil ging. An ihn erinnert noch heute das „Heckerlied", einer der blutrünstigsten Revolutionsgesänge, der je geschrieben wurde:

„Schmiert die Guillotine mit Tyrannenfett,
Reißt die Konkubine aus dem Fürstenbett.
An den Darm des Pfaffen
Hängt den Edelmann,
Laßt ihn dran erschlaffen,
Bis er nimmer kann."

Ob der Anwalt Hecker dieses Lied tatsächlich geschrieben hat oder ob es nur nach ihm benannt wurde, ist nie geklärt worden. Sicher ist aber, daß die letzte Strophe treffend die Gesinnung wiedergibt, die damals ihn und seine Mitstreiter bewegte:

„Sollte Jemand fragen:
Lebet Hecker noch?
Wollet ihm nur sagen:
Hecker lebet noch.
Hängt an keinem Baume,

Hängt an keinem Strick,
Hängt nur an dem Traume
Der deutschen Republik."

Eine neue Zeit kündigte sich an. Als man nach 1848 den Nürnberger Anwalt *Rudolf Sigmund von Holzschuher*, der als junger Advokat im Jahr 1806 den Buchhändler Palm verteidigt hatte, fragte, ob er einem eben gegründeten Adelsklub beitreten wolle, antwortete er: „Nein, danke! An einem baufälligen Hause baue ich nicht mehr mit!"

KAPITEL II

Scharf nach unten, mild nach oben

oder

IM ZEITALTER DES OBRIGKEITS-STAATES

„Es gibt Staatsanwälte, die Christi Kreuzigung für richtig halten, weil ihn der Kollege Pontius Pilatus rechtskräftig verurteilt hat.“

Ludwig Thoma, 1901

Der Staatsrechtler *Karl Theodor Welcker* war 1848 badischer Gesandter beim Bundestag in Frankfurt am Main und wurde als Reichskommissär nach Lauenburg entsandt. Sein Begleiter war ein junger Jurist namens *Viktor Scheffel,* der die Mission in anschaulichen Versen geschildert hat:

„Es war ein Kommissary,
Der soff bei Tag und Nacht,
Er hatt' einen Sekretary,
Hat's ebenso gemacht.

Depeschen, Brief' und Akten
Macht' ihnen wenig Müh;
Sie kneipten und tabakten
Von spät bis morgens früh.

Und lag der Kommissary
Des Morgens noch im Tran,
So fing der Sekretary
Das Saufen wieder an.

Wo war der Kommissary,
Der so viel saufen kunnt?
Wo war der Sekretary?
Sie war'n beim Deutschen Bund."

Die Männer von 1848 hatten nicht nur von einer einigen deutschen Republik, sondern auch von einem einheitlichen deutschen Recht geträumt. Im „Trompeter von Säckingen" hat *Viktor Scheffel,* der von 1850 bis 1851 Gerichtsbeamter in Säckingen war, diesem Traum beredten Ausdruck verliehen:

„Römisch Recht, gedenk' ich deiner,
Liegt's wie Alpdruck auf dem Herzen,
Liegt's wie Mühlstein mir im Magen,
Ist der Kopf wie brettvernagelt!

Ein Geflunker mußt' ich hören,
Wie sie einst auf römischem Forum
Kläffend miteinander zankten,
Wie Herr Gaius dies behauptet
Und Herr Ulpianus jenes,
Wie dann Spät're dreingepfuschet,
Bis der Kaiser Justinianus,
Er, der Pfuscher allergrößter,
Alle mit dem Fußtritt heimgeschickt.
Und ich wollt' oft töricht fragen:
Sind verdammt wir immerdar, den
Großen Knochen zu benagen,
Den als Abfall ihres Mahles
Uns die Römer hingeworfen?
Soll nicht auch der deutschen Erde
Eignen Rechtes Blum' entsprießen,
Waldesduftig, schlicht, kein üppig
Wuchernd Schlinggewächs des Südens?"

Die Rechtszersplitterung war groß. So gab es in Bayern vor 1870 nicht weniger als 124 Partikularrechte in Zivilsachen. Als der Ministerialrat Otto von Völderndorff einen alten bayerischen Richter fragte, ob er tatsächlich alle in seinem Sprengel geltenden Sonderrechte kenne, erhielt er die Antwort: „Es ist nicht so gefährlich, Herr Kollega, wie es aussieht. Entweder es gilt das bayerische Landrecht oder es gilt ein anderes Recht. Gilt das bayerische Recht, entscheidet man danach und zitiert es. Gilt es nicht, entscheidet man auch danach, zitiert's aber nicht!"

Auch die Hoffnung auf Gleichheit der Bürger hatte sich nicht erfüllt. Die Standesunterschiede waren, insbesonders im Staatsdienst, nach 1848 nicht geringer als zuvor. Der Regierungspräsident *Hegel,* ein Nachkomme des berühmten Philosophen, besuchte am frühen Vormittag unangemeldet ein Landratsamt in seinem Bezirk und sagte dem Pförtner: „Ich möchte zum Herrn Landrat." „Der Herr Kammerherr weilen auf seinem Schlosse", war die Antwort. „Dann möchte ich den Herrn Kreisassessor sprechen." — „Der Herr Graf befinden sich auf der Jagd." — „Dann führen Sie mich zum Kreissekretär." — „Ich bedauere, der Herr Hauptmann kommen nicht vor zwölf." Darauf Hegel: „Dann bestellen Sie den Herren, daß der Vizefeldwebel der Reserve a. D. Hegel dagewesen ist und bald wiederkommt!"

Der Wirtschaftsjurist *Rudolf Isay* berichtet in seinen Lebenserinnerungen von einem Dialog zwischen einem Oberlandesgerichtspräsidenten und einem neuen Referendar, der sich zum Dienstantritt meldete: „Haben Sie gedient?" — „Jawohl, Exzellenz!" — „Sind Sie Korpsstudent?" — „Jawohl, Exzellenz!" — „Sind Sie Reserveoffizier?" — „Jawohl, Exzellenz!" — „Na, dann nehmen Sie bitte Platz!"

Der Berliner Kriminalgerichtsrat *Jodocus Donatus Hubertus Temme* wurde wegen seiner Teilnahme an der Revolution von 1848 des Hochverrats angeklagt, und zwar freigesprochen, doch seines Amtes enthoben. Er ging daraufhin nach Zürich, wo er Professor für Strafrecht wurde und einige Lehrbücher, aber auch Kriminalnovellen und Romane, schrieb. In seinen Lebenserinnerungen schildert er eine bezeichnende Episode aus seinen juristischen Anfängen: „Als ich noch Richter in der ostpreußischen Stadt Ragnit war, mußte ich bei eiligen Kriminalfällen häufig über die russische Grenze, ohne vorher die Genehmigung eingeholt zu haben. Ich gab in solchen Fällen dem Wachtmeister des Kordonhauses ein Trinkgeld, worauf ich anstandslos passieren konnte. Ebenso anstandslos nahm die Oberrechnungskammer in Potsdam zur Kenntnis, daß in meinen Reiseabrechnungen regelmäßig die Eintragung aufschien: ‚Für Bestechung des russischen Grenzbeamten: Ein Silberrubel.'"

Theodor Storm war 1842 in seiner Heimatstadt Husum Advokat geworden, wurde aber im Jahre 1852 von den dänischen Behörden gezwungen, wegen seiner deutschen Gesinnung seine Heimatstadt zu verlassen. Erst nach dem Krieg von 1864 konnte er nach Schleswig-Holstein zurückkehren und wurde Richter in Husum. Storm, der bereits in seiner Berliner Studentenzeit gemeinsam mit Theodor und Tycho Mommsen das „Liederbuch dreier Freunde" verfaßt und später vor allem mit seinen Erzählungen „Pole Poppenspäler" und „Der Schimmelreiter" großes Ansehen als Dichter errungen hatte, hielt im hohen Alter Rückblick auf sein Leben und meinte: „Warum ich mich der Jurisprudenz ergeben habe? Es ist das Studium, das man ohne besondere Neigung ergreifen kann; auch war mein Vater ja Jurist. Da es die Wissenschaft des gesunden Menschenverstandes ist, so wurde ich wohl leidlich mit meinem Richteramt fertig. Mein richterlicher und poetischer Beruf sind meistens in gutem Einverständnis gewesen, ja, ich habe es sogar oft als eine Erfrischung empfunden, aus der Welt der Phantasie in die praktische des reinen Verstandes einzukehren und umgekehrt."

Ein ungewöhnlich fruchtbarer Dichter-Jurist war *Felix Dahn.* Er schrieb juristische Werke wie das 1878 erschienene „Deutsche Privatrecht", historische Arbeiten wie den 1865 erschienenen „Prokopius von Cäsarea", Romane, allen voran „Ein Kampf um Rom", und außerdem Dramen und Gedichte. Dahn hat das Nebeneinander seiner beiden Beschäftigungen auf eine prägnante Formel gebracht: „Die Jurisprudenz ist der Ackergaul, der den Hafer übrigläßt, mit dem ich den Pegasus ernähre."

Felix Dahn war gebürtiger Hamburger, hatte aber, bevor er Professor in Würzburg, Königsberg und schließlich in Breslau wurde, am Landgericht Haidhausen bei München praktiziert. Als er dort zum ersten Male mit Akten zu tun hatte, rief der Assessor, dem er zur Ausbildung zugeteilt war, entsetzt aus: „Jesus, Maria und Joseph! Was seh' ich da? Sie können ja nicht einmal Akten binden! Und so etwas will Jurist werden! Merken Sie sich, mein Lieber: Das Aktenbinden ist die erste Sprosse auf der Leiter zum Justizminister!"

Auch in anderer Hinsicht hatte Dahn viel zu lernen. Als er bei seinem ersten Sühneversuch in einem Alimentations-Verfahren versuchte, auf die Beteiligten läuternd einzuwirken, wies ihn sein Assessor zurecht: „Was fallt Ihnen denn ein, mit den eigensinnigen Bauernlackeln so viel Zeit zu vertrödeln, als ob Sie Jason und Medea vor sich hätten. Passen S' auf, wie man das macht! He, Hansjörgl, willst zahl'n? Vier Gulden monatlich fürs Kind, is nit viel, meinert i. Du willst es do net abschwör'n? Sonst schwörst di ins Zuchthaus nei. Willst nöt? Dann laßt es bleib'n, Bauernlümmel, g'scherter! Schreiben S', Herr Dahn! ‚Es erscheint Ursula Oberniederhuber — wie hoaßt's am Haus? — also Zipfelbauernstochter von Deisenhofen und bringt vor . . .' Das andere wissen S' eh! In vierzehn Tagen kommt's wieder, ihr zwoa; nachher wird das Beweisurteil verlesen. Jetzt unterschreibt's das Protokoll! So, und nun raus aus dem Tempel! Sehen S', Herr Dahn, so geht man mit stützigen Bauern um!"

Bismarck war nach seinem Ausscheiden aus dem Gerichtsdienst in Berlin Abgeordneter im sächsischen Provinziallandtag geworden. Seine Abneigung gegen Schreibtischarbeit hatte er sich bewahrt. Im Jahre 1850 schrieb er an einen Freund: „Die Bürokratie ist krebsfräßig an Haupt und Gliedern, nur ihr Magen ist gesund, und die Gesetzesexkremente, die sie von sich gibt, sind der natürliche Dreck der Welt!"

Felix Eberty, der zusammen mit Bismarck in Berlin praktiziert hatte, wurde 1854 Professor für Kriminalrecht in Breslau. Bald nach seiner Ankunft wurde er zur Feier des Fünfzig-Jahr-Dienstjubiläums des hochbetagten Landgerichtsdirektors Schmidt geladen. Als Eberty einen der Landgerichtsräte fragte, ob auch die Untersuchungshäftlinge an diesen Festlichkeiten einen Anteil hätten, bekam er die Antwort: „Natürlich. Sie dürfen einen Tag länger sitzen, weil heute keine Untersuchung stattfindet."

Ebertys Kollege in Breslau war der Romanist *Philipp Eduard Huschke*, der u. a. eine Sammlung vorjustinianischer Schriften „Jurisprudentiae antejustinianae quae supersunt" herausgab. Huschke ist in die Rechtsgeschichte aber auch als der Erfinder eines Tieres eingegangen, denn er war der eigenartigen Ansicht, daß es den Römern unmöglich gewesen sei, beim Pflügen zugleich den Stier anzutreiben, den Pflug zu lenken und die Pflugschar in den Boden zu senken. Diese mehrfache Arbeit sei den Römern vielmehr durch ein eigenes Tier abgenommen worden, über das Huschke schrieb: „Wir haben es nach seiner Bestimmung Bovigus genannt, denn das bovem agere, was vermutlich durch Rüssel und Stoßzähne geschah, nach Art des Elefanten, der überhaupt bei den nicht politischen Völkern die Stelle der Ackertiere wie das Kamel die Stelle der jetzigen iumenta einnimmt, war die Hauptverrichtung dieses iumentum; wozu das Halten des Pfluges, ohne Zweifel durch einen starken Schwanz bewirkt, wie dieser auch bei manchen Affenarten die Stelle der Hand vertritt, und das Tragen des Menschen, auf einem dazu geschmeidigen Rücken, als Mittel zum Zweck hinzukommen."

Der spektakulärste Zeugenauftritt der Rechtsgeschichte war wohl das Erscheinen der Phryne vor den Richtern von Athen. *Carl Ludwig Schleich* hat in seinen Lebenserinnerungen „Besonnte Vergangenheit" aufgezeichnet, wie sein Gymnasiallehrer in Stralsund, der alte Konrektor Freese, diese Gerichtsszene seinen Schülern schilderte: „Perikles hatte einen Zwiebelkopf, Schinoskephalos. Man sagt: Verbrecher! Unterschlagung! Das war so. Sie wissen: Die Akropolis, das ist das Rathaus hier auf'm Markt. Das ist der Areopag. Das Landgericht. Sie kennen die Archogeronten: Das ist der Landgerichtsdirektor Prieschke, Sie wissen. Der Ekklasiast, Sie kennen ihn, den Staatsanwalt Neumann! Ich sehe sie alle sitzen. Perikles ist angeklagt. Sagt der Staatsanwalt: Perikles! Es ist erwiesen. Du hast in die Kasse gegriffen. Geklaut! Wie kommst du dazu? Was soll das? Und Perikles sagt: Einen Augenblick! Geht an die Tür und kümmt rein — Phryne! Ganz nackt! Und er sagt gar nix, bloß: Dat is min Geliebte, Phryne! Und die Richter haben ihm freisproken. Ja, das gibt's bloß in Griechenland: Die Sonne, das Licht, die Schönheit! Nee, in Stralsund geiht dat nich. Dor kümmt hei in Kasten!"

Theodor Mommsen, der mit Theodor Storm in Berlin studiert hatte, wurde 1848 Professor der Rechte in Leipzig, mußte aber 1850 als Demokrat den Dienst quittieren, ging als Professor des römischen Rechts nach Zürich und wurde 1854 nach Breslau berufen, bis er schließlich 1858 als Professor für alte Geschichte nach Berlin kam. Dort mußte er einmal vor dem Amtsgericht erscheinen, um eine Erklärung abzugeben, und wurde von einem jungen Assessor nach seiner Legitimation gefragt. „Ich habe keine Legitimation bei mir", erwiderte der Gelehrte, „aber ich bin Theodor Mommsen. Sie werden mich wohl kennen." Der Assessor dachte einen Augenblick nach und fragte dann: „Bitte, wie unterscheiden sich res mancipi und nec mancipi nach römischem Recht?" Mommsen gab unwillig Antwort, worauf der Beamte sagte: „Danke, das ist die bekannt falsche Ansicht Mommsens. Sie sind genügend legitimiert."

Felix Dahn ging 1863 im Alter von 29 Jahren als Professor der Rechte von München nach Würzburg, wo er neun Jahre blieb, bis er nach Königsberg und von dort nach Breslau berufen wurde. Während seiner Würzburger Zeit ging er einmal an einem schwülen Augusttag mit seinem Hausnachbarn, dem Professor der Theologie und späteren päpstlichen Hausprälaten Franz Hettinger, zur Universität, um den neuen Rektor zu wählen. Auf halbem Wege sagte Dahn plötzlich zu Hettinger: „Hochwürdiger Herr Kollega, es steht außer Zweifel, daß Sie für den konservativen Kandidaten stimmen werden und ich für den liberalen. Ich schlage daher vor, daß wir statt zur Wahl in die Weinstube Haderlein gehen und dort einen Schoppen miteinander trinken. Dort sitzen wir kühl, und das Ergebnis für Universität und Weltgeschichte bleibt das gleiche, ohne daß wir einander niederstimmen."

Am 27. Juli 1866, kurz vor der Einnahme Würzburgs durch die preußischen Truppen, eilte Dahn zur

Universität, weil für vier Uhr nachmittag eine Prüfung angesetzt war. Im leeren Prüfungszimmer wurde er vom alten Pedell mit den Worten empfangen: „Komme Sie gschwind heruner in Keller! Die Preuße schieße mit Granate auf uns! Der Herr Hofrat Albrecht geruhe auch, im Keller zu sitzen!" Dahn begab sich in den Keller, wo ihm *Professor Albrecht* eine Prise aus seiner goldenen Schnupftabaksdose anbot und sagte: „Nun sollten wir ein Prüfungsprotokoll aufnehmen, aus dem hervorgeht, daß von den Prüflingen keiner und von den Prüfenden nur der älteste und der jüngste erschienen sind."

Der Züricher *Johann Kaspar Bluntschli* kam 1861 als Professor für Staatsrecht von München nach Heidelberg und wurde mit dem Titel Geheimrat ausgezeichnet. Der aufrechte Republikaner aus der Schweiz kommentierte Gratulationen zu der Ehrung mit den Worten: „Ein Haar mehr im Zopf!"

In Heidelberg ging es gemütlich zu. *Achille Renaud,* Professor an der juristischen Fakultät, hielt seine Vorlesungen mit so lauter Stimme, daß einer seiner Hörer in seinen Erinnerungen berichtet: „Im Sommer, wenn die Fenster des Hörsaales offenstanden, gingen wir in die benachbarte Gastwirtschaft ‚Zum deutschen Hause'. Dort öffneten wir die Fenster, setzten uns zu einem Glas Wein oder Bier und konnten bequem mitschreiben, was Professor Renaud vortrug."

Ähnlich gemütlich war es in Straßburg, wo *Paul Laband,* Professor für Rechtsgeschichte und Privatrecht, seine säumigen Studenten mit den Worten zu ermahnen pflegte: „Meine Herren, mit der Rechtswissenschaft ist es wie mit einer jungen Dame. Sie können eine kurze Zeit wegbleiben, dann freut sie sich, wenn Sie wiederkommen. Bleiben Sie aber zu lange fort, dann kehrt sie Ihnen den Rücken!"

Laband kehrte einmal spät in der Nacht aus einer Weinstube heim und fühlte das dringende Bedürfnis, sich zu Füßen des Kleber-Denkmals, das auf dem nach dem General benannten Platz stand, zu erleichtern. Als er noch damit beschäftigt war, erschien ein Polizist, legte ihm die Hand auf die Schulter und sagte barsch: „Sie sind wegen Verunreinigung eines öffentlichen Denkmales festgenommen." Laband griff in die Tasche und zog eine Visitenkarte hervor, auf der stand: „Dr. Paul Laband, ordentlicher Professor, Mitglied des Staatsrates, Straßburg." „Oh, Verzeihung", sagte der Polizist, nachdem er die Karte gelesen hatte, „in diesem Falle kann von Verunreinigung natürlich keine Rede sein!"

Es gab Professoren, die in ihrem Lehrberuf buchstäblich aufgingen. So lehrte der Göttinger Staatsrechtler *Heinrich Albert Zachariä* weiter, obwohl er einen Schlaganfall erlitten hatte. Zur ersten Vorlesung nach der Genesung erschien er mit gelähmter Gesichtshälfte und begann mit den Worten: „Meine Herren, ich denke, meine Lehrsätze werden Ihnen nicht so schief vorkommen wie mein Gesicht!"

Der Leipziger Pandektist *Karl Georg von Waechter,* ein gebürtiger Schwabe und Vorgänger Windscheids, lehrte trotz eines schweren Herzleidens. Als er einmal über die Erbportion las, die er in seinem heimatlichen Dialekt so aussprach, daß es wie Erbschportion klang, unterbrach er seine Ausführungen mit dem Bemerken: „Meine Herren, mein Puls setzt aus, und der Arzt hat mir gesagt, wenn es länger als eine

Minute dauert, so ist der augenblickliche Tod die Folge." Er blickte auf die vor ihm auf dem Katheder liegende Uhr und fuhr nach einigen Augenblicken atemloser Stille fort: „Es ischt vorüber, der Puls hat wieder eingesetzt, ich fahre fort. Die Erbschportion erhöht sich hier also um einen Kopfteil."

Karl Binding, Professor für Kriminalistik und Strafrecht in Leipzig, war sehr ungehalten, wenn seine Vorlesungen durch Zuspätkommende gestört wurden. Als er einmal im Auditorium maximum las, erschien ein Student nach Beginn der Vorlesung und nahm unbekümmert in einer der vorderen Bankreihen Platz. Binding brach mitten im Satz ab und starrte den Zuspätkommenden so lange an, bis sich der Student erhob und den Saal mit den Worten verließ: „Ah, der Herr Geheimrat liest heute nicht . . ."

Der Sohn Bindings und der Sohn seines Kollegen *Adolf Wach* studierten an der Leipziger Universität. Bei Semesterschluß erschien Wach einmal bei Binding und sagte: „Ich bin tieftraurig. Ich konnte Ihrem Sohn beim Examen nur eine Drei geben!" Im nächsten Semester kam Binding zu Wach und erklärte: „Ich bin überglücklich. Ich konnte Ihrem Sohn im Examen gerade noch eine Drei geben."

Medizinische Sachverständige vor Gericht sind ein Kapitel für sich. In Würzburg hatte der Chirurg *Ernst von Bergmann* in einem Mordprozeß zu gutachten. Der Angeklagte, ein etwas einfältiger Bauer, wurde beschuldigt, seinen Nachbarn erschlagen zu haben. Bergmann versuchte an Hand des Schädels des Erschlagenen nachzuweisen, daß ein Mord mit größter Wahrscheinlichkeit auszuschließen sei, es sich vielmehr um einen Unfall handeln dürfte. Befriedigt betrachtete der Verteidiger das Mienenspiel des Richters und der Geschworenen, aus dem sich entnehmen ließ, daß der Angeklagte freigesprochen werden würde. Bergmann redete sich während seines Gutachtens in Eifer, verfiel in baltischen Dialekt, rollte das R und gebrauchte eine Unzahl von Termini technici. Die imposante Erscheinung des Chirurgen und sein langer Vollbart mochten ein übriges getan haben. Kaum hatte Ernst von Bergmann geendet, stand der Angeklagte, der kaum ein Wort des Sachverständigen verstanden hatte, auf und sagte: „Es ist besser, i sag' glei die Wahrheit: I hab's tan!"

Das Mißtrauen der Ärzte gegenüber den Rechtsgelehrten pflegte der Leipziger Chirurg *Karl Thiersch* in seinen Vorlesungen in die Worte zu fassen: „Meine Herren, vor zweierlei müssen Sie sich in Ihrer Praxis hüten: Vor dem Publikum und vor den Juristen!"

Als *Eduard Albrecht,* später einer der Mitunterzeichner des Aufrufs der „Göttinger Sieben", im Jahre 1829 als junger Professor nach Königsberg kam, veröffentlichte er seine Arbeit „Die Gewere als Grundlagen des älteren deutschen Sachenrechtes". Erster Käufer dieses Werkes war das Militärkasino in Königsberg.

Der Anglist Herbert Schöffler berichtet in seinem Büchlein „Kleine Geographie des deutschen Witzes", daß einer seiner Kollegen einen Lehrstuhl an der juristischen Fakultät der Universität Königsberg übernahm. Das Ordinariat war zwei Jahre verwaist gewesen, und zwei Assistentinnen hatten in dieser Zeit schlecht und recht die Institutsbücherei betreut. Als der neue Professor bald nach seiner Ankunft die Broschüre „Der Kuhhandel Bismarcks mit Nordschleswig" suchte, fand er sie nach eifrigem Blättern im Bibliothekskatalog unter dem Stichwort „Agrarwirtschaft".

Der Königsberger Jurist *Litten* hatte bei der Referendarprüfung einen Kandidaten zu examinieren, der keine einzige Frage richtig zu beantworten wußte. Verärgert sagte er schließlich: „Das Beste an Ihnen ist Ihr Frack. Wo haben Sie den her?" Die Antwort lautete: „Vom Atelier Cronquist am Paradeplatz, Herr Professor." „Danke", sagte Litten. „Das ist die erste Frage, die Sie richtig beantwortet haben."

Johannes von Engelmann, Professor für Rechtsgeschichte an der Universität Dorpat, war für seine kauzigen Aussprüche bekannt. So sagte er zu einem Studenten, der bei ihm ein Privatissimum belegt hatte: „Kommen Sie, wann Sie wollen, aber bitte seien Sie pünktlich!"

Über einen unzuverlässigen Kollegen äußerte sich Engelmann in vertrautem Kreise: „Ich spiele mich nicht als Richter auf! Von mir aus kann einer konsequent oder inkonsequent sein, nur nicht schwankend!"

Eduard Simson war Professor in Königsberg, ehe er 1860 Vizepräsident des Appellationsgerichtes in Frankfurt an der Oder, 1869 dessen Präsident und 1879 schließlich Präsident des Reichsgerichtes wurde. In seiner Frankfurter Zeit wirkte in der kleinen Stadt Reetz siebzehn Jahre lang der Kreisrichter *Schmidt*, der später Landgerichtsdirektor in Berlin wurde und dort den Vorsitz in dem Prozeß führte, in dem Maximilian Harden freigesprochen wurde. Während sich Schmidt einmal auf Winterurlaub befand, fiel dem Assessor, der ihn vertrat, ein Akt „Prozeß des Fährmanns Zwitzke gegen die preußische Regierung, Grenzregulierung betreffend" in die Hände. Der junge Richter, der nicht gewillt war, sich mit unnötiger Arbeit zu belasten, versah ihn mit dem Vermerk: „Da der Schnee Felder und Straßen bedeckt, sind gegenwärtig Beweiserhebungen durch Vermessungen unmöglich. Die Akten sind am 15. April künftigen Jahres dem ordentlichen Herrn Dezernenten nach seiner Rückkehr vorzulegen." Schmidt fand nach seinem Urlaub den Akt vor und erließ in einem Anfall von Frühlingslaune den folgenden Terminbescheid in Versen:

„Frühlingsstürme reinigten die Fluren
Von harten Winters rauhen Spuren;
Lachend sind die Wiesen und die Auen,
Grün der Grenzen Züge zu erschauen.
Darum woll'n das alte Konvolute,
Das so lang im Aktenfache ruhte,
Zur Erholung wir ins Freie bringen,
Wo Grenzgrabens Wässer murmelnd springen.
Zum Lokaltermin am ersten Maien
Werden eingeladen die Parteien!
Auch der Sachverständ'ge mit den Karten
Soll uns punkto Zehne dort erwarten!
Die Verwarnung, die wir früher stellten,
Soll für den Termin nun auch noch gelten.
Per copiam decreti Herrn Sandern,
Scilicet: auch allen andern!"

Der in dem Bescheid genannte Herr Sander, Wegebauinspektor und als Sachverständiger geladen, schickte daraufhin folgendes Telegramm an Schmidt:

„Zwitzke Fährmann
Steht Termin an,
Doch der Regen strömt von oben!
Wird der Termin nicht aufgehoben?"

7/8 Das kleine Bezirksgericht. Oben: „Der Kläger behauptet, Sie hätten ihn ein Rhinozeros genannt!" — „Dös kann net sein! I' werd' do' net oan' a' Viech heißen, dös i' gar net kenn!" Unten: „Welches Wort hat der Kläger dem Angeklagten zugerufen, daß ihm dieser eine Ohrfeige gab?" — „Aufs Wort kann ich mich nicht erinnern, ich weiß nur noch, daß a Ohrfeigen drauf paßt hat!"

9/10 Ländliche Prozeßhansln: Oben: „Sie haben also den Michelbauern einen Heuochsen genannt. Haben Sie noch etwas hinzuzufügen?" — „Na, na, Herr Richter, da tät er mi jo glei' wieder klag'n!" Unten: „In zwei Instanzen haben wir den Prozeß verloren, Huberbauer; das ist ein gutes Zeichen, beim dritten Mal gewinnt gewöhnlich der andere Teil!"

Schmidt antwortete ebenfalls telegraphisch:

„Trotz des Regens bleibt's beim alten,
Der Termin wird abgehalten."

Der Prozeß fand statt, die preußische Landesregierung unterlag und legte Berufung ein. Sie wurde zwar verworfen, doch benützte der Berufungsrichter die Gelegenheit, um Schmidt wegen seiner Verse zu rügen. Der Fall ging an die oberste Instanz nach Frankfurt, wo Simson die folgende Entscheidung traf: „In Erwägung, daß

1. die preußische Allgemeine Gerichtsordnung, Teil I: Von der Prozeßordung, nirgends eine Bestimmung darüber trifft, ob Verfügungen in gebundener oder ungebundener Form abgesetzt werden sollen, erstere Form also jedenfalls nicht verboten ist, — daß

2. aber es selbstverständlich nur dichterisch begabten Richtern gestattet werden darf, sich ihrer zu bedienen, daß aber

3. Kreisrichter Schmidt offenbar zu dieser Kategorie gehört, — daß

4. die Verfügung allen gesetzlichen Vorschriften entspricht, das heißt Tag, Stunde und Ort des Lokaltermins bezeichnet, Zeugen und Sachverständige, wie Parteien, verbunden mit den nötigen Auflagen über das, was sie mitbringen sollen, und der üblichen Verwarnung vorlädt, — daß

5. und letztens aber vor allem der preußische Staat froh sein kann, wenn ein Einzelrichter, siebzehn Jahre an einen kleinen Ort gefesselt, sich so viel gute Laune für seinen mühseligen Beruf erhält, um dergleichen Verfügungen in Versen abzusetzen,

wird die Rüge als unberechtigt hiermit wieder aufgehoben."

Es ist ein interessantes Phänomen, daß auch Juristen, die nicht den schriftstellerischen Beruf ergreifen, immer wieder die Neigung verspüren, sich dichterisch zu betätigen. So verfaßte *Gustav Radbruch* nach dem Abitur ein hübsches Gedicht, das auch in Velhagen und Klasings Monatsheften abgedruckt wurde:

„Und auf den verwaisten Feldern küßt
Die Sonne den Frühlingskuß,
Und ich bin Mulus und küsse mit,
Und verstaubt ist mein Tacitus.

Und draußen vorm Tor gibt's das beste Bier,
Und das hübscheste Mädchengesicht
Guckt zum Fenster heraus und lächelt mir,
Und am Wege blüht ein Gedicht.

Und Vögel singen, wohin ich lausch',
Und die Sonne badet im Fluß,
Und gestern hatt' ich den ersten Rausch
Und heute den ersten Kuß."

Ein ironisches Pendant zu Radbruchs romantischen Versen schrieb sein Kollege, der Wirtschaftsjurist *Rudolf Isay:*

„Mein liebes Kind, wir werden uns bald trennen
und sehen uns vermutlich niemals wieder.
Altmodische Menschen würden deshalb flennen,
wie zu ersehn aus Heines Buch der Lieder.

Doch uns befreit aufklärende Bekanntschaft
mit Nietzsche längst von derlei Atavismen,
wir schwärmen nicht von Herzenswahlverwandtschaft,
von ew'ger Treu und sonst'gen Paroxysmen.

Wir wissen's wohl, sie werden oft spazieren
im Park von Treptow traulich noch zu zweien.
Ich werde viele Mädels noch poussieren
am grünen Rhein, im wunderschönen Maien.

Das haben wir ja viel zu oft gelesen,
um es nicht beide haargenau zu wissen.
In einem Punkt nur sind wir dumm gewesen:
wir hatten nicht den Mut, uns mal zu küssen."

Ein Meister der Sprache war *Rudolf von Ihering*, der 1845, im Alter von 27 Jahren, Professor in Basel wurde, ein Jahr darauf nach Rostock ging, 1849 nach Kiel, 1852 nach Gießen, 1868 nach Wien und schließlich 1872 nach Göttingen berufen wurde. Ursprünglich der Historischen Schule zugehörig, trat Ihering später zu ihr teilweise in Gegensatz, wandte sich gegen den „unfruchtbaren Begriffskultus" und trat für das Hervorkehren der realen Faktoren des Rechts ein. Seine Hauptwerke waren „Geist des römischen Rechts" und „Der Zweck im Recht". Unvergessen ist aber auch seine kleine Schrift „Scherz und Ernst in der Jurisprudenz", die er zunächst als „Vertrauliche Briefe über die heutige Jurisprudenz" anonym in der Preußischen bzw. Deutschen Gerichtszeitung veröffentlicht hatte. In dieser geistreichen Arbeit forderte Ihering u. a. nach dem Vorbild der naturwissenschaftlichen Kabinette die Schaffung von „Juristischen Demonstrationskabinetten" und schilderte anschaulich ihre Einrichtung: „Die erste Abteilung muß die einfachen und zusammengesetzten Sachen, die Haupt- und Nebensachen, die Pertinenzen, Früchte sowie die fungiblen und verbrauchbaren Sachen enthalten. An Tieren wird benötigt: Für den contractus socidae eisernes Vieh, für die actiones aedilitiae ein Pferd mit irgendeinem Fehler, für die actiones de pauperie einige Tiere mit Fehlern contra naturam sui generis, für den ususfructus ein Schaf mit einem Lamm. Nur die im allgemeinen Teil als Beispiel der universitas rerum distantium nötige Herde müßte aus Ersparnisrücksichten auf dem Wege der Exkursion zur Anschauung gebracht werden. Die zweite Abteilung enthält die Rechtssubjekte. Der Kostenersparnis wegen könnten, wie bei kleineren Bühnen, mehrere Rollen, die dies vertrügen, von ein und derselben Person dargestellt werden. So könnten zum Beispiel der Verkäufer und der Käufer des Kabinetts zugleich als Vermieter und Mieter, Commodant und Commodator usw. fungieren. Man braucht ferner für den Prozeß einen Richter, zwei Sach- und Anwälte und die erforderliche Kollektion von Zeugen: fähige und verdächtige, sowie einen Exekutor. Für das Privatrecht sind Personen der verschiedenen Altersstufen erforderlich, also ein infans (der nasciturus würde der Frau zu überweisen sein, welche bei der missio ventris nomine die Rolle des venter zu übernehmen hätte, und welche aus naheliegenden Gründen nicht dauernd anzustellen, sondern jedesmal, wo man ihrer bedürfte, zu engagieren sein würde); sodann ein infantia major, ein infantiae sowie ein pubertati proximus, ein pubes, ein minor und ein major. Die betreffenden Personen könnten im Laufe der Zeit von einer Stufe zur anderen aufrücken. Benötigt werden ferner einige Frauenzimmer: Ein unverheiratetes und ein verheiratetes, um die Verlobung, die Ehe, die Dos, die Paternitätsklage und das SC Vellejanum zu erläutern. Für die Rolle einer persona turpis müßte im erforderlichen Fall eine geeignete Person gemietet werden, was nicht bloß die Kosten verringern, sondern auch durch die schuldigen Rücksichten auf die übrigen im Kabinett vorhandenen Personen und vor allem der Studenten wegen geboten sein würde. Ein Miles, ein rusticus und ein Blinder dürfen nicht fehlen; die Aufnahme eines furiosus in das Kabinett möchte ich nicht befürworten. Dagegen wäre unerläßlich der diligens paterfamilialis und als Gegenstück zu ihm, um die culpa lata zu veranschaulichen, eine ungewöhnlich sorglose und nachlässige Person — ein Posten, den man mit einem armen Dichter besetzen könnte, womit zugleich der Schillerstiftung ein Dienst geschähe."

Auch wenn Ihering nicht scherzte, war er ein brillanter Formulierer. „Das Subjekt eines Papiers", schrieb er einmal, „auf den Inhaber ist das Papier selbst — es ist der zivilistische Münchhausen, der sich selbst beim Schopf aus dem Morast herauszieht — Ziehender und Gezogener zugleich, Subjekt und Objekt. Ein Theaterbillett z. B. berechtigt den Inhaber als solchen; der Inhaber als solcher ist aber etwas Abstraktes, eine gedachte Persönlichkeit, eine juristische Person. Wenn man mittels des Billetts ins Theater gelangt, geschieht es nur, weil die Logendiener das nicht anders wissen. Eigentlich müßte das Billett selber ins Theater gehen. Danken Sie der Theaterdirektion, daß sie hier Repräsentation zuläßt!"

Ihering dichtete auch gelegentlich und hat einmal eine Liste der zeitgenössischen Romanisten in Versform erstellt, die mit den Reimen endete:

„Rudorff, Kuntze, Fritz
Gehen an der Spitz',
Bernburg, Köppen, Witte
Kommen in der Mitte.
Ribbentropp, Windscheid, Francke
Schreiben mir zu Danke.
Zweie memorier auf —eist,
Diese heißen Gneist und Leist.
Sonst noch einer Silb' allein
Arndts, Bruns, Brinz, auch Scheurl sich freu'n.
Dazu dann noch Schmidt und Danz,
Hast du die Juristen ganz.
Wer hier nicht unterkommen kann,
Schaff' sich einen anderen Namen an."

Als Prüfer war Ihering milde und hat dies mit den Worten begründet: „Wäre Bismarck seinerzeit durch das Examen gefallen, so existierte das Deutsche Reich nicht. Die Stimme eines einzelnen Examinators kann das Schicksal Europas bestimmen — gewiß eines der triftigsten Motive für die Milde der Examinatoren, das sich diejenigen, welche zur letzteren neigen, gegen ihre strengeren Kollegen nicht entgehen lassen sollten."

Auch gegenüber den Studenten im allgemeinen war Ihering milde. Über die Hörer, die er am Beginn seiner Lehrtätigkeit in Gießen vorfand, urteilte er: „Im ersten Jahr studierten sie nicht, weil sie noch angegriffen von den Strapazen des Abiturientenexamens die akademische Freiheit in vollen Zügen genießen wollten. Im zweiten Jahr studierten sie nicht, weil sie ihrer Militärpflicht genügen mußten. Und im dritten Jahr studierten sie nicht, weil sie sich zum Examen vorbereiten ließen."

Im Examen war Ihering nicht nur milde, sondern auch witzig. In seiner Göttinger Zeit hatten einmal die Kollegen, die vor ihm geprüft hatten, so viel Zeit verbraucht, daß Ihering schon ungeduldig war. Als er endlich an die Reihe kam, fragte er den Kandidaten, einen Studenten namens Kraft, der später Rechtsanwalt in Büdingen wurde: „Kennen Sie die kürzeste lex im Corpus iuris?" — „Jawohl, Herr Professor!" — „Also schlagen Sie es auf und übersetzen Sie die Stelle!" Kraft öffnete das Buch an der betreffenden Stelle und las: „et etiam."

Zu einem anderen Kandidaten sagte Ihering: „Ich schließe mit Ihnen einen Vertrag, in dem ich Ihnen verspreche, Sie im Examen bestehen zu lassen. Was sagen Sie dazu?“ Lächelnd erwiderte der Student: „Herr Professor, einen solchen Vertrag traue ich Ihnen nicht zu.“

„Waren der römische Jurist Paulus und der Apostel gleichen Namens ein und dieselbe Person?“ fragte Ihering einen Prüfling. Stotternd antwortete der Kandidat: „Der Apostel war sein Doppelgänger.“

Über die Prüfgewohnheiten seines Vorgängers in Gießen, Löhr, erzählte Ihering: „Er kannte nur drei Materien, über die er examinierte: die bonorum possessio, die dos und die Pekulien. Seine Kollegen versuchten ihn einmal zu bestimmen, ein anderes Thema zu wählen. Er ging bereitwillig darauf ein und beschloß, über das Eigentum zu examinieren. Das ging dann so vor sich: Erste Frage: ‚Was ist das Eigentum?‘ Zweite Frage: ‚Wer hat an den Dotalgegenständen das Eigentum? Sehen wir uns doch überhaupt die dos einmal etwas genauer an!‘ Fortan hatte das Examen nur die dos zum Gegenstand. Seit der Zeit verzichteten seine Kollegen darauf, ihn aus seiner Bahn zu bringen, denn es war vorauszusehen, daß, wie immer auch die erste Frage gelautet hätte, die zweite Frage die Anwendung derselben auf die bonorum possessio, die dos oder die Pekulien enthalten hätte.“

Ihering hatte die Marotte, in seinen Vorlesungen unentwegt auf die historische, juristische und soziale „Ungeheuerlichkeit“ des Trinkgeldgebens hinzuweisen; 1882 veröffentlichte er sogar eine eigene Schrift „Das Trinkgeld“. In seiner Göttinger Zeit saß er einmal mit einem Schüler bis tief in die Nacht in einem Weinhaus und gab beim Aufbruch dem Kellner über den Rechnungbetrag hinaus eine ansehnliche Summe.

Verwundert sagte der Student: „Aber, Herr Geheimrat, Sie und Trinkgeld!?!" „Sagen Sie's nicht weiter", erwiderte Ihering. „Mein Buch ist ja noch nicht erschienen!"

Ein Göttinger Bürger klagte, daß er wegen Unfähigkeit seines Anwaltes und Ungerechtigkeit des Richters einen Rechtsstreit verloren habe. Ihering beschwichtigte ihn mit den Worten: „Es ist nun einmal so eingerichtet in der Welt, daß die Juristen und Ärzte die Erfahrungen machen, die Parteien und Patienten sie bezahlen. Damit muß man sich trösten, es kommt der Menschheit und der Wissenschaft zugute."

Weniger nachsichtig war Ihering mit sich selbst. „Ich habe Momente", schrieb er im Jahr 1858 an seinen Freund Gerber, „wo ich die ganze Jurisprudenz — wenigstens unsere antiquarisch-theoretische — zum Teufel wünsche. Es steckt gar zu viel ungesundes Zeug darin. Könnte ich noch einmal meinen Beruf wählen, würde ich schwerlich Jurist werden, wenigstens kein Romanist oder überhaupt kein Theoretiker."

Im Jahre 1867 erschien das „Taschenbuch des gemeinen Zivilrechts" von Dr. G. A. Hesse, Justizrat und Gerichtsamtmann, das vom Verlag mit den Worten angepriesen wurde: „An tüchtigen Lehrbüchern fehlt es zwar nicht, aber ein Buch, das für Juristen, besonders auch für Studierende, zu einem Vademekum sich eignete, auf Reisen, in den Ferien, in Gerichtssitzungen, Vereinsversammlungen usw. sie begleiten könnte, bequem, handlich und aushilflich, ein solches Buch besitzen wir noch nicht." Kaum war das Buch erschienen, schrieb Ihering: „In der Tat ein glücklicher, origineller Gedanke. Im Geiste sehe ich schon an der Wengernalp einen blondgelockten Jüngling lagern, ganz vertieft in ein kleines Büchlein. ‚Um Vergebung, Waldmeisters Brautfahrt oder Hannchen und die Küchlein, wenn ich fragen darf?‘ ‚Nein, Hesse, Taschenbuch des gemeinen Zivilrechts; nie ohne dieses.‘ Auf der Rückreise besuche ich den Bockkeller in München. Dieselbe Szene mit einem alten Graubart. Ein Glas Bier in der einen, einen Rettich und Hesses Zivilrecht in der andern Hand. Soll das Buch übrigens in Studentenkreisen recht, wie man sagt, ziehen, so dürfte es sich empfehlen, bei einer zweiten Auflage einige Kommerslieder aufzunehmen, wozu sich insbesonders die juristischen, z. B. ‚In einem kühlen Grunde, da ruht ein Servitut‘ oder ‚Juchheißa, juchheißa, die Erben sind da!‘ eignen dürften.“

Der Leipziger Ägyptologe Georg Ebers schrieb populäre Romane aus seinem Fachgebiet: „Serapis“, „Die Nilbraut“, „Kleopatra“. „Was sagen Sie zum neuesten Buch von Ebers?“ fragte Ihering einmal seinen Göttinger Kollegen *Ritschl.* „Nun ja“, meinte Ritschl, „ein typischer Professorenroman. Das könnten wir beide wohl ebensogut.“ „Was heißt ebensogut?“ erwiderte Ihering. „Noch viel schlechter, Herr Kollege, noch viel schlechter!“

Als Ihering 1868 nach Wien kam, machte er Antrittsbesuche bei allen Professoren der Universität. Den Chirurgen *Theodor von Billroth* suchte er in dessen Ordination auf und stellte sich vor: „Ich heiße Ihering.“ „Womit kann ich dienen?“ erwiderte Billroth. „Ich heiße Ihering“, sagte der Besucher neuerlich. „Ja, und was fehlt Ihnen?“ „Ich habe Ihnen doch gesagt, ich heiße Ihering“, wiederholte der Jurist und verließ erzürnt den Raum. Als man

Billroth nachher sagte, mit wem er es zu tun gehabt hatte, meinte der Chirurg lediglich: „Mein Gott, ich kann doch nicht alle Juristen kennen!"

Der Wiener Völkerrechtler *Franz von Liszt* lehrte nacheinander in Gießen, Marburg, Halle und Berlin. Unter seinen Schülern befand sich ein Japaner, in dessen Muttersprache die Begriffe Lehrer und Vater identisch waren. Zum 60. Geburtstag Liszts gratulierte er dementsprechend mit tiefer Verbeugung und den Worten: „Ich — Ihr Sohn." Lächelnd erwiderte Liszt: „So? Ich bin mir nichts bewußt."

Der Rechtsphilosoph *Julius Ofner,* ein grundgütiger Mensch, ging mit einem Studenten durch die Wiener Innenstadt, als er einen blinden Bettler sah. Er warf eine Silbermünze in den Hut des Mannes und ging weiter. Sein Begleiter blickte dagegen zurück und rief: „Herr Professor, der Mann ist ja gar nicht blind. Er sieht sich die Münze an, die Sie ihm gegeben haben." „Nicht blind?" erwiderte Ofner. „Um so besser!"

Der Wiener Staatsrechtler *Edmund Bernatzik* war ein gefürchteter Prüfer. Dem jungen Grafen Kielmansegg sagte er bei der ersten Staatsprüfung: „Daß Sie einmal Statthalter werden, wie Ihr Herr Papa, kann ich nicht verhindern. Aber verzögern kann ich's!"

Bernatziks Ironie machte vor der eigenen Person nicht halt. So begann er einmal eine Vorlesung mit den Worten: „Ich soll Ihnen also Österreichisches Staatsrecht vortragen. Ja, weiß ich denn überhaupt, was Österreich ist? Die ‚Neue Freie Presse' freilich, die weiß das ganz genau, aber ich?"

Fritz Stiedry, der später Dirigent an der Metropolitan Opera wurde, vermochte bei einem Rigorosum gleich die erste Frage Bernatziks nicht zu beantworten. Unwillig erhob sich der Professor, um zu gehen, doch Stiedry sagte in einem Anfall von Tollkühnheit: „Pardon, Herr Hofrat, ich habe meine Prüfungstaxe für fünfzehn Minuten bezahlt." Bernatzik nahm wieder Platz, zog die Uhr, prüfte so, daß Stiedry keine einzige Frage beantworten konnte und sagte schließlich: „Danke, Herr Kandidat, Ihre fünfzehn Schweigeminuten sind vorbei!"

Der alte Graf Kielmansegg hatte in seiner Eigenschaft als Statthalter einmal der Wiener Polizei den Auftrag gegeben, die Prostituierten von den Straßen der Inneren Stadt zu vertreiben. Der ehemalige Ministerpräsident *Graf Taaffe* kam von längerem Aufenthalt auf seinen Gütern nach Wien zurück, war über das ungewohnte Straßenbild erstaunt, erkundigte sich bei seinem Freund Kielmansegg, was es damit für eine Bewandtnis habe und erhielt die Antwort: „Wir haben Ordnung schaffen müssen. Man hat ja die anständigen Frauen schon nicht mehr von den Dirnen unterscheiden können." Worauf Taaffe die klassische Antwort gab: „Ja, du und deine Polizei nicht. Unsereins schon!"

Kielmansegg hatte seine Beamtenlaufbahn unter *Josef Lasser von Zollheim* begonnen. Lasser war ein Mann des Jahres 1848 und hatte Kudlichs Gesetz über die Bauernbefreiung in seine endgültige Fassung gebracht. Von 1860 bis 1861 war er Justizminister, anschließend Statthalter von Tirol und von 1871 bis 1878 Innenminister im liberalen Kabinett Auersperg. Pflichteifrig, wie es sich für einen jungen Beamten gehört, legte Kielmansegg dem Minister eines Tages einen Akt mit dem Bemerken vor, daß es sich um eine besonders dringliche Angelegenheit handle. Lasser blickte kurz auf und sagte: „Merken Sie sich: Akten sind keine Hasen! Die laufen nicht davon!"

Im Jahr 1873 hatte eine vom Grafen Wilczek finanzierte Expedition Franz-Josephs-Land entdeckt, eine riesige, eisbedeckte Insel in der Arktis. Mehr oder minder scherzhaft fragte Kielmansegg seinen Minister, wie er sich die politische Organisation dieses Territoriums vorstelle. Lasser antwortete: „Bevölkerung gibt es keine. Wenn ich aber trotzdem dort Bezirkshauptmannschaften einrichte, hat jede nach einem Monat mindestens 300 protokollierte Einlaufstücke betreffend ihre eigene innere Organisation."

Der brillante Jurist und Nationalökonom *Rudolf Sieghart,* der eigentlich Singer hieß, machte Karriere jenseits der Ochsentour. Als junger Beamter war er bereits Berater des Ministerpräsidenten Koerber, 1900 erhielt er eine Dozentur an der Wiener Universität, und von 1910 bis 1916 nahm er als Gouverneur der Bodencreditanstalt eine Schlüsselposition im Wirtschaftsleben der Monarchie ein. Nach dem Geheimnis seines Erfolges befragt, antwortete er: „Organisieren heißt, andere Menschen für sich arbeiten zu lassen. Das kann ich sechzehn Stunden im Tag."

Eine der bekanntesten Persönlichkeiten der Wiener Gründerjahre war der *Baron Jonas von Königswarter.* Als ihn sein Hausanwalt einmal mit langwierigen Ausführungen vor den möglichen Folgen eines gewagten Börsenmanövers warnen wollte, unterbrach ihn der Baron mit den Worten: „Pardon, Herr Doktor, ich bin nicht Jurist genug, um in dieser Sache unklar zu sehen!"

Der Schriftsteller und Musikkritiker *Paul Decsey* studierte an der Wiener Universität Jus, besuchte aber nebenbei die Vorlesungen an der philosophischen Fakultät. Seinem juristischen Stil war dies nicht zuträglich. Als er während seiner Praxiszeit am Handelsgericht einen Schriftsatz abzufassen hatte, gab ihm sein Chef die Arbeit mit dem Bemerken zurück: „Wo haben Sie denn studiert? Das ist kein Rekurs, das ist eine Novellette!"

Auch *Ernst Lothar,* als Kritiker, Regisseur und Schriftsteller gleichermaßen erfolgreich, hatte an der Wiener Universität die Rechte studiert. Die Staatsprüfung in Kirchenrecht sollte er bei Professor Hussarek ablegen, der aber erkrankt war und durch Professor Bernatzik vertreten wurde. Der gefürchtete Prüfer erwies sich als milde und verständnisvoll, unterhielt sich mit Lothar eingehend über dessen Feuilletons in der „Neuen Freien Presse" und fragte schließlich, um dem Gespräch den Charakter einer Prüfung zu verleihen: „Was wissen Sie vom Aufgabenkreis des Patrons?" Lothar antwortete mit einem Sprüchlein, das er sich aus dem Paukerkurs gemerkt hatte: „Patrono debetur honor, onus, utilasque, praesentat, praesit, defendat, alatur egenus." „Ausgezeichnet, Herr Kandidat", sagte Bernatzik. „Ich hoffe, daß Sie das bald wieder vergessen werden. Meinerseits habe ich vergessen, Ihnen zu sagen, daß ich Ihr Novellenbuch ‚Die Einsamen' für eine Talentprobe halte. Schaun S' nur, daß Sie den Schnitzler nicht kopieren! Kirchenrecht werden Sie jedenfalls nicht mehr brauchen!"

Strafrecht hatte Lothar bei *Heinrich Lammasch,* dem späteren Ministerpräsidenten, gehört. Ein Satz seines Lehrers beeindruckte ihn so sehr, daß ihn

Lothar in seinen Erinnerungen „Das Wunder des Überlebens“ zitierte: „Das einzige, was bei einem Richter zu intervenieren hat, ist das gesatzte Recht.“

Seine juristische Laufbahn begann Ernst Lothar als Staatsanwaltsvertreter in Wels. Als sein Chef, der Erste Staatsanwalt Dr. *Budinsky*, erfuhr, daß der junge Kollege schriftstellerisch tätig sei, ermunterte er ihn mit den Worten: „Eigentlich g'hört's dazu. Der Grillparzer hat ja auch im Amt g'schrieben. Und der Sektionschef Schaukal und der Wildgans, wie er bei Gericht war. Wenn s' zu schreiben anfangen, sind s' meistens Rechtspraktikanten oder Auskultanten wie Sie. Und wenn s' Hofräte sind, sind s' berühmt und schreiben noch immer. Passen S' auf, auch bei Ihnen wird's so sein. Und glauben S' mir, eine bessere Schule zum Schreiben als die Justiz, wo man die Menschen sieht, wie sie wirklich sind, kann's gar nicht geben!“

Joseph Unger, zunächst Professor für Privatrecht in Prag und Wien, von 1871 bis 1879 Minister und schließlich Präsident des Österreichischen Reichsgerichts, war einer der witzigsten Männer der Monarchie. Als er noch Professor war, prüfte er einen Studenten, der in der Uniform eines Einjährig-Freiwilligen erschienen war, und fragte: „Was wissen Sie von der ignorantia juris?“ Der Kandidat schwieg, bis Unger schließlich sagte: „Merken Sie sich: ignorantia juris schadet immer, nur zuweilen nicht bei Frauen und bei Soldaten!“

Als Unger Minister war, äußerte Kaiser Franz Joseph in einem Gespräch mit ihm Kritik an dem geringen Zusammenhalt im Kabinett. „Majestät“, erwiderte Unger, „wie sollen wir füreinander einstehen können, wenn wir einander nicht ausstehen können?“

Unger wurde gefragt, ob er die weitverbreitete Meinung teile, daß eine bekannte Persönlichkeit des öffentlichen Lebens bestechlich sei. „Ja und nein“, meinte der Minister. „Der Mann ist mit so geringen Summen zu bestechen, daß man ihn schon beinahe wieder als unbestechlich bezeichnen kann.“

Ignaz von Plener, Führer der liberalen Partei, wurde als Handelsminister gestürzt. Ungers Kommentar: „Der Mann hat eine schöne Zukunft hinter sich.“

Der Finanzminister Julian von Dunajewski, gebürtiger Pole und ursprünglich Professor der politischen Wissenschaften und der Statistik in Preßburg, bemühte sich schlecht und recht, die Differenz zwischen Ausgaben und Einnahmen im Staatshaushalt zu verringern. Als er einmal an der Seite seiner überaus hageren, aber auffällig dekolletierten Frau auf dem Hofball erschien, sagte Unger nach einem langen Blick auf die Ministersgattin: „Hier kommt das unbedeckte Defizit!“

Auf einem anderen Ball entfernte Unger vom Frackärmel eines angesehenen Wiener Schneidermeisters einen weißen Wollfaden mit den Worten: „Herr Kommerzialrat, gestatten Sie, daß ich diesen Bürospritzer beseitige!“

Ein hoher Beamter jüdischer Herkunft, frisch getauft, machte abfällige Bemerkungen über seine ehemaligen Glaubensgenossen. „Herr Hofrat“, ermahnte ihn Unger, „ihr Antesemitismus war mir bekannt. Ihr Antisemitismus ist mir neu!“

Als Unger bereits Präsident des Reichsgerichts war, tagte in Wien unter seinem Vorsitz ein internationaler Juristenkongreß, dessen gesellschaftlicher Höhepunkt ein Empfang in Schönbrunn war. Kaiser Franz Joseph unterhielt sich dabei längere Zeit überaus freundlich mit dem Führer der Schweizer Delegation, der nachher bemerkte: „Wenn der Kaiser noch ein paar Minuten länger mit mir gesprochen hätte, wäre ich am Ende noch Monarchist geworden." Als Unger dem Monarchen, der eben von einem Besuch aus der Schweiz zurückgekehrt war, von dieser Bemerkung berichtete, meinte Kaiser Franz Joseph: „Mein lieber Unger, wenn ich noch eine Woche länger in der Schweiz geblieben wäre, wäre ich vielleicht Republikaner geworden!"

In Italien veröffentliche *Cesare Lombroso*, der zunächst Professor in Pavia, dann Direktor der Irrenanstalt in Pesaro und schließlich Professor in Turin geworden war, im Jahre 1876 seine Schrift: „Das Verbrechen in anthropologischer, ärztlicher und juristischer Beziehung." Lombroso erläuterte darin seine Theorie von der Physiognomie der Verbrecher. Demnach seien Diebe an „kleinen und flinken Händen, kleinen und ebenso flinken Augen, dicken Augenbrauen und flachen Nasen zu erkennen". Sittlichkeitsverbrecher hätten dagegen „glänzende Augen und schmale Gesichter", während für Mörder „starrer Blick, große Nasen und starkes Kinn" charakteristisch seien. Lombrosos längst verworfene Theorien waren von Anfang an umstritten, und einer seiner Kollegen an der Turiner Universität meinte spöttisch: „Ich kann mir nicht helfen, aber die Leute, die Lombroso beschreibt, sehen alle so aus wie meine besten Freunde!"

11 Gallischer Humor. „Ja, wir haben ihn zum Tode verurteilt; übrigens glaube ich, daß er schuldig ist."

Preußische Justiz

12 Preußische Justiz. „Angeklagter, sind Sie Sozialdemokrat?" — „Ich kann die Frage des Herrn Vorsitzenden nicht besser beantworten, als daß ich den Hohen Gerichtshof bitte, sich zu erheben und mit mir einzustimmen in den Ruf: Seine Majestät unser Allergnädigster König und Herr, Hurra—Hurra—Hurra!"

In Italien machten die Professoren der juristischen Fakultäten von ihrem Recht, als Anwälte tätig zu sein, gerne Gebrauch. Seine diesbezüglichen Erfahrungen faßte der Strafrechtler *Enrico Pessina* in die Worte: „Zu einem erfolgreichen Prozeß braucht man neun Dinge: 1. Einen guten Fall, 2. einen guten Anwalt, 3. einen guten Staatsanwalt, 4. gute Zeugen, 5. gute Geschworene, 6. einen guten Vorsitzenden, 7. viel Geld, 8. viel Geduld, 9. viel Glück!"

Der Kriminalist *Francesco Carrara,* Professor in Pisa, plädierte vor Gericht und wurde vom Vorsitzenden mit den Worten unterbrochen: „Bitte sprechen Sie lauter!" „Wenn ich lauter spreche", erwiderte Carrara, „werden Ihre beiden Beisitzer aufwachen."

An der Universität Pisa wurde jedesmal, wenn ein Kandidat das Examen mit Auszeichnung bestanden hatte, eine Glocke geläutet. Als sie wieder einmal erklang, meinte Carrara, der viel von Praxis und wenig von Theorie hielt: „Ein Student weniger, ein Esel mehr!"

Ein Staatsanwalt versuchte ein Plädoyer Carraras zu widerlegen, indem er höhnisch gegenteilige Auffassungen aus dessen Hauptwerk „Programma del corso di diritto criminale" zitierte. Ungerührt erwiderte Carrara: „Das hat der Professor Carrara geschrieben. Hier plädiert der Advokat Carrara!"

Einer der meistbeschäftigten Anwälte Italiens in der zweiten Hälfte des 19. Jahrhunderts war *Pasquale Mancini.* Im Drang der Geschäfte passierte ihm das Mißgeschick, in einem Plädoyer sorgfältig alle Argumente anzuführen, die für die Gegenseite sprachen. Noch während er redete, bemerkte er seinen

Irrtum und zog sich elegant aus der Affäre, indem er erklärte: „All das hätte ich gesagt, wenn ich der Anwalt der Gegenpartei wäre, so aber ..."

Der spätere italienische Ministerpräsident *Alcide de Gasperi* studierte an der Universität Innsbruck und wurde im November 1904 verhaftet, weil er an einer Demonstration für die Errichtung einer italienischsprachigen Universität in Trient teilgenommen hatte. Er wurde zu vier Wochen Arrest verurteilt, die er in einem offensichtlich sehr fröhlichen Gefängnis verbrachte, denn die Arrestanten hatten in ihrer Gemeinschaftszelle ein Schild mit der Inschrift angebracht: „Italienische Juristische Fakultät des K. u. K. Gefängnisses Innsbruck."

Abraham Lincoln war Rechtsanwalt in Springfield, Illinois, gewesen, bevor er 1847 zum Abgeordneten in Washington und 1860 zum Präsidenten der Vereinigten Staaten gewählt wurde. Er stammte aus einfachen Verhältnissen und hatte sich sein Studium durch Gelegenheitsarbeiten aller Art verdient. Einmal erschien ein wohlhabender Mann in seiner Kanzlei, der gegen eine arme Witwe mit fünf Kindern eine Klage auf Bezahlung einer Schuld von sechshundert Dollar einbringen wollte. Der Mann war im Recht, doch lehnte Lincoln die Übernahme des Mandates mit den Worten ab: „Was Rechtens ist, muß nicht immer auch recht sein. Sie sind jung, klug und energisch. Gebrauchen Sie Ihre Hände und verdienen Sie sich Ihre sechshundert Dollar!"

Lincoln hatte die Verteidigung des Millionärs Dunlap übernommen, der einen Journalisten verprügelt hatte. Der gegnerische Anwalt, Ben Edward, verlangte ein exorbitantes Schmerzensgeld, worauf Lincoln erklärte: „Ob das Schmerzensgeld in Einklang mit dem Schmerz Ihres Mandanten steht, ist fraglich. Offensichtlich steht es aber in Einklang mit dem Vermögen meines Mandanten!"

Lincoln schämte sich seiner einfachen Herkunft nicht. So sagte der trinkfreudige Senator *Stephen A. Douglas* im Präsidentschaftswahlkampf 1860: „Das erste Mal bin ich Mr. Lincoln an einer Bartheke begegnet. Er stand auf der einen Seite der Theke und schenkte Whisky aus, und ich stand auf der anderen Seite der Theke und trank ihn." Lincoln replizierte in seiner nächsten Wahlrede: „Zwischen Senator Douglas und mir besteht ein Unterschied. Ich habe seither meine Seite der Theke verlassen."

Im amerikanischen Bürgerkrieg wurde der angesehene Industrielle Franklin W. Smith wegen angeblicher Unterschlagungen bei Kriegslieferungen vor ein Militärgericht gestellt und nach einem aufsehenerregenden Prozeß schuldig gesprochen. Das Urteil wurde Präsident Lincoln in seiner Eigenschaft als oberster Befehlshaber vorgelegt, der folgende Entscheidung traf:
„Nachdem Franklin W. Smith Geschäfte mit der Armee in der Gesamthöhe von eineinviertel Millionen Dollar getätigt hat,
nachdem er demgemäß mindestens eine Viertel Million Dollar unterschlagen hätte können,
nachdem er aber lediglich wegen Unterschlagung von 222 Dollar angeklagt wurde und
nachdem er lediglich wegen Unterschlagung von 100 Dollar verurteilt wurde,
glaube ich, daß er überhaupt nichts unterschlagen hat. Das Urteil wird hiermit aufgehoben."

Auch *Grover Cleveland,* der 1882 Gouverneur des Staates New York und 1884 Präsident der Vereinigten Staaten wurde, war ursprünglich Rechtsanwalt. Als sich ein Senator einmal beklagte, eine Entscheidung des Präsidenten verletzte den Geist des Gesetzes, erwiderte Cleveland gelassen: „Man hat noch nie einen Mann dafür gehenkt, daß er den Geist des Gesetzes verletzt hat."

Einer der bekanntesten Wirtschaftsanwälte der amerikanischen Gründerjahre war *John G. Johnson* in Philadelphia. Besonders der Eisenbahnmagnat *Edward Harriman* schätzte seinen Rat. Als Harriman wieder einmal eine seiner kühnen Fusionen plante, versuchte er Johnson zu erreichen, der sich aber auf Reisen befand. Harriman erklärte ihm darauf in einem langen Kabel das Fusionsvorhaben, fragte, ob es im Lichte der Anti-Trust-Bestimmungen des Sherman-Gesetzes möglich sei und bat um telegraphische Expertise. Johnson kabelte zurück: „Fusion möglich; Verurteilung gewiß." Nachher sagte Harriman: „Johnson hat für sein Gutachten 100.000 Dollar verlangt; 25.000 Dollar pro Wort."

Benjamin Disraeli, seit 1868 britischer Premierminister, hatte seine Karriere zwar nicht als Anwalt, aber als Schreiber in einem Anwaltsbüro begonnen. Seine Weigerung, selbst Anwalt zu werden, hatte er mit den Worten begründet: „Die Advokatur, das sind Paragraphen und schlechte Witze und am Ende, wenn alles gut geht, die Gicht und der Baronetstitel. Außerdem muß man, um es in diesem Geschäft zu etwas zu bringen, ein großer Rechtsgelehrter sein, und um das zu werden, muß man darauf verzichten, ein großer Mann zu sein."

In England wurde verhältnismäßig spät die antiquierte Bestimmung abgeschafft, wonach ein Witwer nicht die Schwester seiner verstorbenen Frau heiraten durfte. Als *Lord Courtney* in einer Versammlung für die Abschaffung eintrat, wurde er von einem Zwischenrufer gefragt: „Würden Sie die Schwester Ihrer Frau heiraten, wenn sie stirbt?“ „Ist Ihre Frau hier?“ fragte Lord Courtney zurück, und als der Zwischenrufer verneinte, sagte er: „Meine schon!“

In einer Herrengesellschaft wurde darüber diskutiert, was die angemessenste Strafe für Bigamie sei. *Lord John Russells* lakonische Meinung: „Zwei Schwiegermütter!“

Die englische Justiz war unverändert pragmatisch und praxisbezogen. So belehrte der angesehene Richter *Darling* einmal einen fragwürdigen Zeugen mit den Worten: „Das englische Recht vermag niemanden zu zwingen, die Wahrheit zu sagen. Aber es vermag jeden, der nicht die Wahrheit sagt, zu sieben Jahren Zuchthaus zu verurteilen!“

Pragmatisch waren nicht nur die Richter, sondern auch die Gesetzgeber. Als im Kabinett über die Zweckmäßigkeit der Novellierung eines einigermaßen antiquierten Gesetzes diskutiert wurde, meinte Premierminister *Balfour:* „Meine Herren, unter Umständen ist es besser, etwas Dummes zu machen, das schon gemacht wurde, als etwas Gescheites, das noch nie gemacht wurde.“

Der große Spötter *Bernard Shaw* brachte die Problematik des Rechts in einer Zeit zunehmender sozialer Spannungen auf die Formel: „Das Gesetz ist für jedermann gleich; nur das Einkommen müßte geändert werden.“

Anatole France äußerte ähnliche Gedanken: „Die erhabene Gleichheit des Gesetzes verbietet es dem Reichen genauso wie dem Armen, auf den Straßen zu betteln, Brot zu stehlen und unter den Brücken zu schlafen."

Georges Clemenceau hatte zu jenen Politikern gehört, die im Fall Dreyfus leidenschaftlich die Partei des angeblichen Landesverräters ergriffen hatten. Nach erfolgter Rehabilitierung besuchte er Dreyfus und hatte ein langes Gespräch mit ihm. Nachher sagte er kopfschüttelnd: „Es ist zum Verzweifeln. Ich habe den Eindruck, daß Dreyfus der einzige Mensch ist, der nicht begriffen hat, worum es im Fall Dreyfus gegangen ist ..."

Clemenceau war gelernter Mediziner. Sein Bruder, der Anwalt war, beklagte sich eines Tages bei ihm: „Ich spüre eine schreckliche Müdigkeit." „Du arbeitest zuviel", meinte Clemenceau. „Aber ich spüre zugleich auch eine schreckliche Langeweile", fuhr der Bruder fort. „Du hörst dir zuviel beim Reden zu", spottete Clemenceau.

Von seinen Kollegen, die fast alle Juristen waren und ihre Karriere als Anwälte begonnen hatten, hielt Clemenceau nicht viel. So sagte er über *Raymond Poincaré* und *Aristide Briand:* „Poincaré weiß alles und versteht nichts, Briand weiß nichts und versteht alles."

Bei anderer Gelegenheit urteilte Clemenceau: „In Poincaré steckt nicht ein Advokat, in Poincaré stecken zwei Advokaten. Einer plädiert immer pro und einer immer contra."

Einer der bekanntesten Anwälte des Second Empire war der Pariser Advokat *Louis Richard*. Ein in juristischen Fragen unbewanderter Freund, der einem Zivilprozeß, in dem Richard plädierte, beigewohnt hatte, sagte nachher zu ihm: „Ich verstehe das nicht. Zuerst hast du mit dem Anwalt der Gegenpartei erbittert gestritten und nach Schluß der Verhandlung hast du dich mit ihm friedlich unterhalten." „Mein lieber Freund", belehrte ihn Richard, „Advokaten sind wie die Klingen einer Schere. Gegenseitig tun sie sich niemals weh. Nur wer dazwischen kommt, muß sich hüten."

Eine königliche Order vom 4. Juli 1879 und eine Ministerialverfügung vom 12. Juli 1879 interpretierten den § 89 des preußischen Ausführungsgesetzes zum Gerichtsverfassungsgesetz vom 24. April 1878, womit festgelegt wurde: „Die Amtstracht besteht aus einem schwarzen, bis über die Mitte des Unterschenkels herabreichenden faltenreichen Wollstoffgewande mit weiten offenen Ärmeln, vor der Brust schließend, mit breitem Besatz, der für die Richter und Staatsanwälte von schwarzem Sammet, für die Rechtsanwälte von schwarzer Seide ist; dazu ein Barett." In Bayern wurde die Amtstracht erst 1880 eingeführt, nachdem ein Anwalt in heller Hose vor Gericht erschienen und gerügt worden war, was in der Presse einiges Aufsehen erregt hatte. In der Freien Hansestadt Hamburg plädierten die Anwälte dagegen weiterhin in Zivilkleidung. Als einmal einer im Reitanzug vor Gericht erschien, diktierte der Vorsitzende in das Verhandlungsprotokoll: „Für den Kläger erscheint Rechtsanwalt Müller zu Pferde."

Die neue Amtstracht inspirierte den Karikaturisten Adolf Oberländer zu einer Zeichnung in den

„Fliegenden Blättern". Sie zeigte Landstreicher, die über die Straße ziehen, während ihnen aus den Fenstern von Advokatenkanzleien Kleiderbündel mit alten Sitzungsfräcken zugeworfen werden. Darunter standen unter dem Titel „Die neue Juristenrobe" die Verse:

„O, du ehrwürd'ge Robe!
Es tönt zu deinem Lobe
Nicht nur der Herr'n Juristen Mund,
Dich loben auch die Strolche
Und alle, die wie solche,
Mit ihren Kleidern auf dem Hund.
In alten Sitzungsfräcken,
Beschenkt an allen Ecken,
Stolzieren Lumpen, groß und klein,
Und stimmen dir zum Lobe,
Du neue Richterrobe,
In der Juristen Jubel ein!"

Die Anwälte waren ein unerschöpfliches Thema für die Witzblätter der Zeit. Die Zeichnungen blieben immer die gleichen: Ein Angeklagter und ein Richter; nur die Texte wechselten. Ein Beispiel aus den „Fliegenden Blättern": „Ich bitte, hoher Gerichtshof, mich nicht zu verurteilen! Sie schaden sonst der Karriere meines Verteidigers!" Eines aus dem „Dorfbarbier": „Angeklagter, haben Sie noch etwas zu bemerken?" — „Ja, Herr Stadtgerichtsdirektor, ich bitte um Nachsicht — für meinen Verteidiger." Und eines aus der „Wiener Luft": „Ich bitte, daß die Verhandlung vertagt wird!" — „Ja, warum denn?" — „Ich beantrage die Untersuchung des Geisteszustandes meines Verteidigers."

Auch für den genialen französischen Zeichner *Honoré Daumier* waren die Advokaten ein Sujet, für das er ständig neue Varianten ersann. Ein Anwalt tröstet eine weinende Frau: „Ihren Prozeß haben Sie zwar verloren, aber es muß Ihnen doch viel Vergnügen bereitet haben, mich plädieren zu hören!" — Ein Anwalt zu einer jungen Frau: „Sie sind hübsch, wir werden mit Leichtigkeit beweisen, daß Ihr Mann in jeder Weise unrecht hat." — Ein Anwalt zum anderen vor Betreten des Gerichtssaales: „Lieber Kollege, Sie werden heute gegen mich genau dasselbe vorbringen, was ich vor drei Wochen in einer ähnlichen Sache plädiert habe. Und ich werde Ihnen dasselbe antworten, was Sie mir damals entgegenwarfen. Wir könnten uns also nötigenfalls soufflieren!"

Die poetische Produktion versbeflissener Juristen erfuhr einen starken Auftrieb, als 1871 das neue deutsche Strafgesetzbuch und 1896 das neue Bürgerliche Gesetzbuch des Deutschen Reiches in Kraft traten. So erschien bald nach dem Strafgesetzbuch „Der poetische Reichsjurist in der Westentasche" von *Reymond,* in dem es einleitend hieß:

„Unkenntnis des Gesetzes schützt
Vor Strafe nicht;
Der trockne Codex wenig nützt;
Man liest ihn nicht.
Drum hab ich fein ihn zugespitzt
Zum Lehrgedicht:
Wer so ihn einmal durchgeschwitzt,
Vergißt ihn nicht."

Über den Versuch verfaßte Reymond die folgenden Verse:

„Wer Verbrechen will begehn
Und allbereits die Mise-en-scène
Der vorgehabten Missetat
Durch Handlungen eröffnet hat,

Aus welchen klar zu sehen schon
Die kriminelle Intention,
Ist, wenn sein Plan auch fehlgeschlagen,
Doch des Versuches anzuklagen."

1896 veröffentlichte dann der Rechtsanwalt *Berthold Kann* „Das Neue Bürgerliche in fröhlichen Versen", das er mit einem Vierzeiler vorstellte:

„Gar leicht wird dir das schwere Jus,
Wenn dir erst hat die harte Nuß
Geknackt die Zaubrin Poesie,
Du hast es intus, weißt nicht wie."

Sehr fröhlich waren Kanns Verse allerdings nicht; so dichtete er zum Beispiel über den § 13 mehr schlecht als recht:

„Verschollne kann erklären einfach man für tot,
Nachdem ergangen vorher ist ein Aufgebot."

Ein weitaus besserer Reimeschmied war der Zürcher Professor *Georg Cohn* in seinem vierbändigen Werk „Deutsches Bürgerliches Recht in Sprüchen". Die Natur eines Geschäftes, dem rechtliche Folgen nicht zukommen, schilderte er mit den folgenden Versen:

„War der Spaß klar,
Ist das Geschäft der Wirkung bar.
Wer auf der Bühne Geld und Gut verspricht,
Der haftet seinem Partner nicht.
Man kontrahiert nicht vom Katheder,
Man lehrt von dort, das merkt doch Jeder!"

Über erlaubte und unerlaubte eheliche Verbindungen reimte Cohn:

„Willigt Schön-Bäschen ein,
So darfst du sie frein.
Ist deine Tante noch so alt,

Hat deine Ehe doch Gewalt.
Fühlst für die Schwiegermutter
du ein zart Empfinden,
Darfst ehelich dich nie mit ihr verbinden."

Ein Original der an und für sich originellen bayerischen Justiz war *Dr. Hans Cantler,* der von 1867 an jahrelang als Oberamtsrichter in Erding bei München tätig war. Nachdem Cantler von seiner vorgesetzten Behörde einmal gerügt worden war, daß er in seinen Urteilen das subjektive Schmerzgefühl zuwenig würdige, fragte er in seinem nächsten Prozeß einen biederen Bauern: „Der Wiesner Toni hat Ihnen seinen Maßkrug über den Schädel geschlagen?" — „Jawoi." — „Haben Sie dabei ein subjektives Schmerzgefühl verspürt?" — „I glaub nöt!" Darauf Cantler zum Schriftführer: „Schreiben Sie: ‚Obschon der Maßkrug am Schädel des Bauern Oberleitner zersplitterte, hat der Angegriffene kein subjektives Schmerzgefühl verspürt; nur der verschüttete Inhalt des Maßkruges schmerzte ihn.' "

Ein Bauer hatte beim Mähen einen Hasen getötet, nach Hause mitgenommen und verzehrt. Der Jagdherr erhob Klage wegen Jagdfrevels, doch Cantler sprach den Bauern mit folgender Begründung frei: „Was hätte der Mann tun sollen? Richtig wäre es gewesen, er wäre nach München gefahren und hätte das Wild dem Jagdherrn abgeliefert. In diesem Falle konnte er Ersatz der Reisekosten und Entschädigung für die Zeitversäumnis verlangen. Zweifellos hätte ihn aber der Jagdpächter zur Türe hinausgeworfen, da die Unkosten sich viel höher belaufen hätten, als der ganze Hase wert war. Nun gab es für den Bauern nur zwei Möglichkeiten: er ließ den Hasen an Ort und Stelle liegen. Dann verweste er in kurzer Zeit.

Da es aber gleichgültig ist, ob der Hase auf dem Feld oder im Bauch des Bauern verwest, ist die zweite Möglichkeit am Platz und der Angeklagte freizusprechen."

Ein liederlicher Geselle stand unter der Anklage vor Gericht, dem Bauern Weichselhuber zwei Ochsen gestohlen zu haben. Er verteidigte sich mit der Behauptung: „Was glauben Sie denn? Ich hab' dem Weichselhuber nur Angst machen wollen. Hab ihm ja die Ochsen wieder zruckbracht!" Der Angeklagte wurde von den beiden Schöffen freigesprochen, worauf der erboste Cantler in die Urteilsbegründung schrieb: „Der Angeklagte ist wegen Diebstahls von zwei Ochsen freigesprochen worden."

Beim Amtsgericht Erding traf folgendes Schreiben ein: „Der Staatsanwalt des diesseitigen Gerichtes ersucht das jenseitige Gericht, den Huber Andreas, geboren 1. September 1854, zu vernehmen." Cantler schrieb zurück: „Da Huber Andreas bereits gestorben ist, gebe ich anheim, sich nicht an das diesseitige, sondern an das Gericht im Jenseits zu wenden, eventuell auch in zweiter Instanz an das Jüngste Gericht."

Cantler hatte die Angewohnheit, an den Rand von Akten Figuren aller Art zu zeichnen. Daraufhin bekam er eines Tages von der vorgesetzten Behörde ein Schriftstück mit dem Vermerk zurück: „Wieder vorlegen nach Entfernung der Männchen." Cantler ließ den Akt liegen und antwortete auf wiederholte Urgenzen schließlich: „Der Akt kann nicht vorgelegt werden, da sich die Männchen noch nicht entfernt haben."

Natürlich erhielt Cantler wegen seines knorrigen Benehmens viele Rügen. Als einmal ein höherer Justizbeamter in das Erdinger Amtsgericht zur Revision kam, fand er in der Registratur einen Ordner, auf dem eine große Nase gezeichnet war. „Was bedeutet das?“ fragte er. „Das ist mein Nasenordner“, erklärte Cantler. „Alle Nasen, die ich im Laufe des Jahres kriege, kommen da hinein.“ — „Herr Kollege, das muß ich beanstanden.“ — „Gut, diese Nase kommt gleich auch hinein.“

Nach einer besonders scharfen Rüge verfaßte Cantler folgendes Schriftstück: „Hohes Königliches Landgericht! ‚Du kannst mich‘ “, damit endete der Text auf der ersten Seite des Aktenbogens, und auf der zweiten Seite ging es weiter, „sagte der Angeklagte, als ich ihn vernehmen wollte.“

Ludwig Ebermayer, der seine juristische Karriere als Oberreichsanwalt und Honorarprofessor in Leipzig beendete, kam im Jahre 1883 als Dritter Staatsanwalt nach Straubing in Niederbayern, wo ihn ein mißtrauischer Rechtsanwalt mit den Worten empfing: „Euch Staatsanwälte kennt man! Wenn ihr nur wißt, daß einer unserer Klienten einen Messerstecher kennt, bekommt er schon ein Jahr Gefängnis!“

Hartwig Peetz, erfahrener bayerischer Verwaltungsjurist, hat seine Erlebnisse bei den Bezirksämtern in Trostberg und Traunstein in einem im Jahre 1892 erschienenen Büchlein „Chiemgauer Volk“ geschildert. So kam einmal ein junger Traunsteiner Rechtsanwalt zu ihm, um sich über die Wasserrechte des Obermüllers und des Untermüllers, zweier Nachbarn und guter Freunde, mit der Begründung zu informieren, er müsse den Obermüller rechtsfreundlich gegen den Untermüller vertreten. Bei nächster Gelegenheit fragte Peetz den Bauern: „Was hör' ich, Obermüller? Du prozessierst mit deinem Freund? Noch dazu, wo du genau wissen mußt, daß er im Recht ist?“ Der Bauer antwortete: „Schaun S', der junge Doktor tarockt mit uns zwoa und verliert allaweil. Hamma uns halt denkt: Fangen wir a Prozesserl an, damit er a bisserl was an uns verdient.“

Auch *Ludwig Thoma* hatte, bevor er 1894 Rechtsanwalt in Dachau wurde, am Bezirksamt in Traunstein praktiziert. Dort traf er einen Kollegen, dessen besondere Begabung er in seinen Erinnerungen geschildert hat: „Er besaß eine hereditäre Anpassungsfähigkeit an das seltsame Geschäft im Bezirksamt. Er verstand die Kunst, Akten zu erledigen und den Schein einer umfassenden Tätigkeit für sich und das Amt zu erwecken, aus dem Effeff. Jeder Antrag wurde brevi manu an den Bürgermeister, den Distriktstechniker, die Gendarmerie usw. geschickt zur näheren Berichterstattung oder ergebenst an Behörden mit dem Ersuchen um Auskunft. Wenn sie zurückkamen mit dem eingeforderten oder erbetenen Bericht, fand sich gleich wieder ein Häkchen, über das erneute Auskunft verlangt werden konnte. So waren die Akten immer auf der Reise, und immer schien etwas zu geschehen, und nie geschah etwas.“

Die deutsche Zivilprozeßordnung von 1879 ersetzte eine Reihe von Fremdworten durch deutsche Ausdrücke; so hieß es z. B. nunmehr „berufen“ statt „appellieren“. Diese Neuerung sollte es den Parteien erleichtern, dem Prozeßgeschehen zu folgen, doch wurde der angestrebte Zweck zunächst nicht erreicht. Als der Amtsrichter von Abensberg, *Franz Xaver Köglmeier*, das erste Mal nach der neuen Ordnung verhandelte, belehrte er am Schluß den Bauern *Kapfersteiner:* „Sie können gegen das Urteil berufen." „Was hast g'sagt?" fragte der Bauer. — „Sie können innerhalb von zwei Wochen gegen dieses Urteil beim Landgericht Regensburg Berufung ergreifen." Da brauste Kapfersteiner auf: „Dös laß i mir nöt gfalln. I will appellieren. Mei Vater und mei Großvater ham appelliert und dabei bleibt's!"

Urwüchsige Gestalten gab es nicht nur in der bayerischen Justiz. Der Mannheimer Landgerichtsdirektor *Ullrich,* der einen Metzgermeister namens Mammele zweimal kurz nacheinander zur Alimentationszahlung für ein uneheliches Kind verurteilen hatte müssen, gab ihm nach Beendigung des zweiten Prozesses die Worte mit auf den Weg: „Einen Rat möchte ich Ihnen noch geben, Herr Mammele. Nennen Sie sich in Zukunft doch lieber Pappele!"

Die Breslauer Rechtsanwälte *Lachmann* und *Scheie* standen einander in einem komplizierten Zivilprozeß gegenüber. Das Urteil des Vorsitzenden nach langer Verhandlung entsprach weder den Erwartungen des Klägers noch denen des Beklagten. Die beiden Anwälte machten dementsprechend verblüffte Gesichter, worauf der Richter sagte: „Ja, meine Herren, da staunt der Lachmann und der Scheie wundert sich."

Der bekannte Berliner Schauspieler *Helmerding* wurde verklagt, weil er im Café Kranzler einen wegen seines überheblichen Wesens unbeliebten Stammgast, der stotterte, nachgemacht hatte. Vor Gericht stotterte Helmerding ebenfalls und wurde vom Vorsitzenden ermahnt: „Hören Sie mit diesem Unfug auf! Auf der Bühne sprechen Sie ja auch anständig!" Darauf Helmerding: „Auf d-d-der B-b-bühne v-v-verstelle ich mich!"

In einem Ehrenbeleidigungsprozeß in Berlin wurden die Brüder *Guttentag*, Inhaber der Firma gleichen Namens, einvernommen. Sie waren unangenehme Zeugen, die ihre Bekundungen so wortreich vorbrachten, daß der Vorsitzende schließlich seufzend dem Beisitzer zuraunte:

„Nichts ist schwerer zu ertragen
Als eine Reihe von Guttentagen.“

Ein junger Richter in Berlin wurde vom inspizierenden Landesgerichtspräsidenten gerügt, weil er bei der Zeugenbelehrung nur auf die strafrechtliche, nicht aber auch auf die religiöse Bedeutung der Eidesleistung hingewiesen hatte. In seinem nächsten Prozeß gab der Gerügte daraufhin folgende Belehrung: „Bei Meineid haben Sie Zuchthausstrafe nicht unter einem Jahr und bei Falscheid Gefängnis zu gewärtigen. Ganz zu schweigen davon, daß Sie sich den ernstesten Unannehmlichkeiten im Jenseits aussetzen.“

Ein Bierführer stand vor einem Hamburger Schöffengericht und wurde vom Vorsitzenden gefragt: „Ist Ihnen die Heiligkeit und Wichtigkeit des Eides bekannt?“ „Nee, Herr Rat“, erwiderte der biedere Mann, „ich bin erst kurze Zeit in Hamburg.“

Der Leipziger Rechtsanwalt *Dr. Hans Blum*, Herausgeber der „Annalen des Reichsgerichts“ und Sohn Robert Blums, der als einer der Anführer der Revolution von 1848 in Wien erschossen wurde, war dafür bekannt, daß er jedes Plädoyer mit einem Zitat von Friedrich Schiller zu beginnen pflegte. Als er im Jahr 1876 einige Schaffner zu verteidigen hatte, die durch geschickte Ausnützung von Formfehlern und dank mangelnder Dienstaufsicht die sächsischen Eisenbahnen jahrelang um unbedeutende Summen geschädigt hatten, fragten sich die Zuhörer, wie er diesen Tatbestand mit seiner üblichen Plädoyereröffnung in Übereinklang bringen werde. Blum begann wie folgt: „Meine Herren Geschworenen! Als Schiller sein herrliches Gedicht ‚Das Ideal und das Leben' schrieb und an die Verse kam:

‚In jenen heiteren Regionen,
Wo die reinen Formen wohnen',

da hat er gewiß nicht an die Verwaltung der sächsischen Staatseisenbahnen gedacht. Vor allem nicht an die r e i n e n Formen, sondern an die reinen F o r m e n. Ich kann zwar dem Staate nicht zumuten, wie Schiller auszurufen: ‚Unser Schuldbuch sei vernichtet', aber wenn es den Leuten von der Verwaltung so leicht gemacht wird, verdienen sie mildernde Umstände."

Der Berliner Anwalt *Hermann Staub* wurde durch seinen Kommentar zum Handelsgesetzbuch weithin bekannt. Noch zu seinen Lebzeiten schlug ein Kollege folgende Grabinschrift für ihn vor:

„Staub war ich, Staub bin ich,
Das bedarf keines Kommentars."

Als die Berliner Universität an Staub mit der Frage herantrat, ob er bereit sei, populärwissenschaftliche Vorträge über das neue Bürgerliche Gesetzbuch zu halten, lehnte er mit den Worten ab: „Nein, danke, das ist staubfreie Müllabfuhr."

Staub vertrat einen Klienten in einem Zivilrechtsprozeß. Als das Gericht aus dem Beratungszimmer zurückkam, sagte der Vorsitzende, bevor er noch das Urteil verkündete, zu dem Anwalt: „Herr Justizrat, wir haben eben Ihren Kommentar gemordet!" —

„Herr Präsident“, erwiderte Staub, „Mord setzt Überlegung voraus! Sollte es nicht unüberlegter Totschlag gewesen sein?“

Einer der bekanntesten Berliner Strafverteidiger war der Justizrat *August Munckel.* Er hatte einmal einen Bauernjungen zu verteidigen, der einen Gendarmen durch den Zuruf „Guten Morjen, Aujust“ beleidigt haben sollte. Munckel sagte in seinem Plädoyer: „Die Anklage trifft mich persönlich auf das Schmerzlichste. Haben dich denn, so frage ich mich, deine guten Eltern beleidigen wollen, als sie dir in der Taufe den Namen August gaben? Nein, ich gestehe es frei: Wenn mich der hohe Senat, nachdem er das Schicksal meines Klienten wohlwollend beraten haben wird, bei seinem Wiedereintritt in diesen Saal mit einem kräftigen ‚Guten Morgen, August!‘ begrüßen sollte, ich würde das nicht als eine Kränkung, sondern dankbar als einen Beweis ehrender Vertraulichkeit empfinden.“ Nach diesem Plädoyer blieb dem Gericht kaum etwas anderes übrig als den Angeklagten freizusprechen, und der Vorsitzende schloß die Urteilsverkündung mit den Worten: „Zum Schlusse habe ich Ihnen, Herr Verteidiger, im Auftrage des Senats noch ein herzliches ‚Guten Morgen, August!‘ zuzurufen!“

Walter Rathenau, dem man kaum Voreingenommenheit gegenüber Juden und Juristen vorwerfen kann, schrieb im September 1904 von einem Badeurlaub auf Westerland an den Bankier Fürstenberg: „Mit Himmel, Erde und Meer bin ich nach jeder Richtung zufrieden. An den Menschen ist sympathisch, daß man sie nicht kennt. Wenn eine Sturmflut dieses Eiland versenkt, so wäre der Rechtsanwaltsstand in Berlin wieder christlich.“

Friedrich Kleinwächter hat in seinem Buch „Der lachende Präsidialist“ in amüsanter Weise die Erlebnisse geschildert, die er als junger Beamter bei der Finanzprokuratur, also bei der Advokatur des Staates, in Czernowitz hatte. Bezeichnenderweise hatte die Prokuratur in Czernowitz, die für den Bereich der Bukowina zuständig war, alljährlich mehr Eisenbahnhaftpflichtprozesse zu führen als die Prokuraturen in sämtlichen anderen Kronländern zusammengenommen, denn für die Bewohner der Bukowina war es eine beliebte Beschäftigung, unter allen möglichen Vorwänden zu versuchen, der Eisenbahn Geld herauszulocken. So verklagte ein Passagier einmal die Staatsbahndirektion auf 30.000 Kronen Schmerzensgeld. Begründung: Auf der Lokalbahn Hatna–Kimpolung sei bei einem Aufenthalt in einer Station ein Milchwagen mit derartigem Ruck an die Zugsgarnitur angekuppelt worden, daß er gestürzt sei und sich dabei einen Leistenbruch zugezogen habe. Der Kläger führte zahlreiche Mitreisende an, die den Unfall bezeugen konnten. Die Staatsbahndirektion ihrerseits ließ mehrere Zeugen aufmarschieren, die den Kläger seit langem kannten, mit ihm im Dampfbad gewesen waren und versicherten, er habe bereits lange Zeit vor dem Unfall einen Leistenbruch gehabt. Gegen Ende des turbulent verlaufenden Prozesses forderte der Vorsitzende den Amtsarzt auf, durch Untersuchung des Klägers das ungefähre Alter des Leistenbruches festzustellen. Die beiden zogen sich zurück und nach einiger Zeit erschien der Amtsarzt und verkündete: „Hohes Gericht! Der Kläger hat überhaupt keinen Leistenbruch!“

Bei anderer Gelegenheit wurde die Staatsbahndirektion auf Schadenersatz verklagt, weil eine Wagenladung von frischen Häuten unterwegs bestohlen worden sei. Der Vertreter der Finanzprokuratur wies das Klagebegehren im Namen der Staatseisenbahnen mit folgender Begründung ab: „Erstens ist der Transport überhaupt nicht bestohlen worden. Zweitens ist die Staatseisenbahn im vorliegenden Falle bis zu einem Ausmaß von drei Prozent des Gesamtwertes von der Schadenersatzleistung befreit, da bei Gütern, die der Eintrocknung unterliegen, ein Gewichtsverlust von drei Prozent laut Tarif unberücksichtigt bleibt und frische Häute zu den Gütern gehören, die der Eintrocknung unterliegen." Darauf erhob sich der klägerische Anwalt und erklärte: „Wenn sich die Staatseisenbahnen im vorliegenden Falle auf Eintrocknung berufen, dann ist dies der seltsamste Fall von Eintrocknung in der Geschichte des Häutehandels. Bei der Verladung hat jeder Ballen 25 Häute aufgewiesen, bei der Entladung waren es dagegen nur mehr 24."

Ein beliebter Brauch in Czernowitz war es, daß Kläger bei der Finanzprokuratur anriefen und sagten: „Hallo! Hier Kanzlei des Bezirksgerichtes Czernowitz, Abteilung drei! Die morgige erste Tagsatzung in der anhängigen Rechtssache gegen die Finanzprokuratur findet nicht statt. Der nächste Termin wird schriftlich bekanntgegeben werden!" Anfänger fielen auf solche Anrufe hinein, erfahrene Beamte pflegten dagegen zu antworten: „Dann bleiben Sie nur ruhig von der Tagsatzung weg, die Finanzprokuratur wird erscheinen und ein Versäumnisurteil beantragen!"

In Czernowitz gab es nicht nur gerissene Kläger, sondern auch ebenso gerissene Anwälte. Einer von ihnen zitierte in einer Berufungsverhandlung als Beweis für die Richtigkeit seiner Ausführungen aus der Sammlung der Entscheidungen des Obersten Gerichtshofes, die nach ihren Herausgebern kurz „Glaser—Unger“ genannt wurde, eine Entscheidung mit genauer Anführung der Zahl, des Datums und der Seite. Der Berufungssenat schloß sich der Auffassung des Anwaltes an und sprach seinen Mandanten frei. Nur der Schriftführer, ein eifriger junger Beamter, nahm sich nachher das Sammelwerk vor, studierte es und sagte schließlich dem Vorsitzenden des Berufungssenates: „Herr Hofrat, ich muß Ihnen eine betrübliche Mitteilung machen. Im ganzen ‚Glaser—Unger‘ gibt es keine Entscheidung mit dieser Zahl, diesem Datum und auf dieser Seite!“

Kleinwächter wurde von der Finanzprokuratur in Czernowitz zum Finanzministerium in Wien versetzt. Das war eine hohe Auszeichnung, doch mußte sich der junge Beamte in der neuen Umgebung erst zurechtfinden. Als er gleich am Beginn seiner Tätigkeit seinen Vorgesetzten, den Ministerialrat *Valnicek*, etwas fragen wollte, weil er sich in einer Angelegenheit, die er zu bearbeiten hatte, nicht auskannte, sah ihn der Ministerialrat erstaunt an und meinte: „Also, Herr Kollege, zum Fragen bin ich da!“

Eine unerläßliche Grundlage für die Arbeit im Ministerium war die „Provisorische Änderung der §§ 18 und 22 des Wirkungskreises der Finanzlandesbehörden“ mit Bestimmungen über „Gegenstände, über welche die höhere Entscheidung vorbehalten ist“ und über die „Erweiterung der in einzelnen Dienstvorschriften den Finanzlandesbehörden eingeräumten Befugnisse“. Es handelte sich bei dieser Vorschrift um ein gedrucktes Heft von neun Seiten, das aber in nur ganz wenigen Exemplaren vorhanden war, wobei die glücklichen Besitzer dieses Arbeitsbehelfes sich weigerten, ihn herzuborgen. Als der Neuankömmling Kleinwächter anregte, man möge doch einen Neudruck dieser Vorschrift veranlassen, belehrte ihn Ministerialrat Valnicek: „Man wird doch nicht etwas neu drucken, was nur provisorisch ist!" — „Herr Ministerialrat", erwiderte Kleinwächter, „die Vorschrift stammt aus dem Jahre 1902, ist also jetzt bereits acht Jahre alt. Da kann man doch schwerlich von einem Provisorium reden!" — „Aber Herr Kollege", wandte Valnicek ein, „was wollen Sie! Wir haben doch zum Beispiel ein provisorisches Gebührengesetz aus dem Jahr 1850!"

Alexander Wekerle, ursprünglich Rechtsanwalt, hatte eine brillante politische Karriere gemacht. Er wurde bereits in ganz jungen Jahren Minister und später ungarischer Ministerpräsident. Als er „einmal zufällig nicht Minister war", wie es Prinz Ludwig Windischgraetz in seinen Memoiren „Helden und Halunken" ausdrückt, fuhr er in einem Halbcoupé 1. Klasse mit dem Nachtpersonenzug nach Wien. Im Nebenabteil befand sich eine feuchtfröhliche Gesellschaft, deren Lärm sich Wekerle durch die Wand hindurch verbat. Den daraufhin entstehenden Wortwechsel beschloß er damit, daß er den Nachbarn das Götz-Zitat hinüberbrüllte, worauf Ruhe eintrat. Bei der Ankunft in Wien in den Morgenstunden sprang jedoch ein erregter junger Mann auf Wekerle zu und herrschte ihn an: „Sie haben es gestern gewagt, mir das Götz-Zitat anzutragen!" „Ja, das war gestern", sagte Wekerle, „aber jetzt, wo ich Ihr Gesicht gesehen habe, verbiete ich es Ihnen ausdrücklich!"

Wekerle hatte eine enervierende Eigenschaft; er war ein pathologischer Lügner. Als er einmal bei wolkenbruchartigem Wetter von Kaiser Franz Joseph in Audienz empfangen wurde, fragte der Kaiser, um dem Gespräch einen unverbindlichen Beginn zu geben: „Wie ist denn heute das Wetter, lieber Wekerle?“ „Es regnet in Strömen, Majestät“, antwortete der Minister. Darauf der Monarch nach einem erstaunten Blick aus dem Fenster: „Ja, aber es regnet ja wirklich, Wekerle!“

Als Wekerle bereits Ministerpräsident war, begleitete er den Monarchen einmal auf einer Reise durch Ungarn. Die Fahrt ging zu einem eben entdeckten Grab, das König Attila zugeschrieben wurde. Unterwegs sagte Franz Joseph: „Mein lieber Wekerle, man hat mir doch schon vor ein paar Jahren ein Attilagrab gezeigt. Welches ist denn jetzt das richtige?“ Verbindlich lächelnd antwortete der Ministerpräsident: „Ganz wie Eure Majestät befehlen!‘

Einer der profiliertesten Juristen der Monarchie war der Sektionschef im Obersten Rechnungshof, *Paul Schulz,* der als Ratgeber des Thronfolgers Franz Ferdinand galt und auch den Generalstabschef Hoetzendorf beraten hatte, als dieser nach dem Tod seiner ersten Frau eine zweite Ehe mit einer geschiedenen Frau einging. Schulz war bereits ein Mann in den besten Jahren, als er zum katholischen Glauben übertrat, wobei der spätere Ministerpräsident Graf Stuergkh als sein Taufpate fungierte. Bald darauf wurde er auf dem Concordia-Ball von Kaiser Franz Joseph in ein längeres Gespräch gezogen. Als die Journalisten nachher fragten, was der Monarch gesagt habe, anwortete der Sektionschef: „Seine Majestät hat gesagt: ‚Schulz, es freut mich, daß Sie noch immer so jüdisch aussehen.‘ “

Eine neureiche, eben geadelte Familie, lud Schulz in überaus gestelztem Französisch zum Abendessen ein. Er nahm an, in dem er die Einladungskarte zurückschickte, an deren Rand er geschrieben hatte: „Deja bien. Je viens."

Ein Kapitel für sich in der Justiz der Donaumonarchie war die Militärgerichtsbarkeit, die den sogenannten Auditoren anvertraut war. Weithin bekannt wurde der Satz, der sich in einem militärischen Gerichtsprotokoll fand: „Der Dienstbote verklagte die Ordonnanz, daß sie ihn geschwängert habe."

Dem Schriftsteller *Roda Roda* war von der Zensurbehörde ein Stück verboten worden. Er ging zu dem zuständigen Hofrat und erklärte ihm: „Ich nehme das Verbot nicht hin. Ich werde seine Gründe bekämpfen, widerlegen und vernichten." — „Wie wollen Sie das machen", sagte der Beamte, „Sie kennen die Gründe ja gar nicht." — „Aber die müssen doch im Zensurerlaß stehen", meinte der Schriftsteller. „Merken Sie sich eins", belehrte ihn der Hofrat, „die Gründe behalten wir stets für uns. In den Erlässen stehen immer nur unsere Ausreden."

Ein amüsanter Prozeß fand im Jahre 1913 in Wien statt. Die Vorgeschichte: *Erhard Buschbeck,* der 1918 Dramaturg des Burgtheaters wurde und es 42 Jahre lang blieb, hatte als Obmann des „Akademischen Verbandes für Literatur und Musik" im Großen Musikvereinssaal ein Schönberg-Konzert veranstaltet. Es kam zu Tumulten unter den Zuhörern, worauf Buschbeck einem Störenfried eine Ohrfeige gab. Beim Prozeß stellte sich heraus, daß der Geohrfeigte von Beruf Arzt, im Nebenberuf aber Textdichter und Verfasser des bekannten Schlagerliedes „Geh, Schurschl, kauf' mir ein Automobil" war. *Oscar Straus,* der Komponist des „Walzertraums", der dem Konzert beigewohnt hatte, wurde als Zeuge einvernommen. Der Vorsitzende fragte ihn: „Haben Sie gesehen, daß Herr Buschbeck dem Arzt Dr. Albert eine Ohrfeige gegeben hat?" Straus antwortete: „Ich habe es gesehen und gehört, denn die Ohrfeige war so ziemlich das Klangvollste des ganzen Konzertabends."

Vor völlig neue Aufgaben wurden Gesetzgeber und Gericht durch die Entwicklung der Technik gestellt. So hatte das britische Unterhaus bereits im Jahre 1865 einen sogenannten Locomotive Act verabschiedet, der bis 1878 in Kraft blieb und folgende Bestimmung enthielt: „Vor jedem selbstangetriebenen Fahrzeug hat ein Mann mit einer roten Fahne mindestens 15 Meter vorherzugehen, um vor dessen Nahen zu warnen."

Das deutsche Reichsgericht sah sich im Jahre 1879 veranlaßt, in einer Entscheidung folgende, aus einem einzigen Satz bestehende Definition des Begriffes Eisenbahn zu geben: „Eine Eisenbahn ist ein Unternehmen, gerichtet auf wiederholte Fortbewegung von Personen oder Sachen über nicht ganz unbedeutende Raumstrecken auf metallener Grundlage, welche durch ihre Konsistenz, Konstruktion und Glätte den Transport großer Gewichtsmassen bezw. die Erzielung einer verhältnismäßig bedeutenden Schnelligkeit der Transportbewegung zu ermöglichen bestimmt ist und durch diese Eigenart in Verbindung mit den außerdem zur Erzeugung der Transportbewegung benutzten Naturkräfte (Dampf, Elektrizität, tierischer oder menschlicher Muskeltätigkeit, bei geneigter Ebene auch schon der eigenen Schwere der Transportgefäße und deren Ladung usw.) bei dem Betriebe des Unternehmens auf derselben eine verhältnismäßig gewaltige (je nach den Umständen nur in bezweckter

Weise nützliche oder auch Menschenleben vernichtende und die menschliche Gemeinschaft verletzende) Wirkung zu erzeugen fähig ist."

Bald darauf erschien dann aus anonymer Feder folgende Definition des Reichsgerichtes: „Ein Reichsgericht ist eine Einrichtung, welche eine dem allgemeinen Verständnis entgegenkommen sollende, aber bisweilen durch sich nicht ganz vermeiden lassende, nicht ganz unbedeutende bezw. verhältnismäßig gewaltige Fehler im Satzbau auf der schiefen Ebene des durch verschnörkelte und ineinandergeschachtelte Perioden ungenießbar gemachten Kanzleistils herabgerollte Definition, welche eine das menschliche Sprachgefühl verletzende Wirkung zu erzeugen fähig ist, liefert."

Die Probleme des Automobil-Verkehrs regelte man zunächst noch nicht durch Gesetze, sondern durch Verordnungen. Als der k. u. k. Hofwagenfabrikant *Ludwig Lohner* im Jahr 1897 nach dem Grafen Siegfried Wimpffen als zweiter Besitzer eines „Benzin-Motor-Wagens" in Wien eine Fahrerlaubnis erhielt, hieß es in dem diesbezüglichen „Polizei-Directions-Erlaß": „Der Lenker des Wagens hat auf die ihm entgegenkommenden Reit- und Wagenpferde zu achten, und wenn er ein Stutzigwerden derselben wahrnimmt, mit der Fahrt so lange einzuhalten, bis jede Gefahr beseitigt ist."

Nicht nur die Verkehrsmittel, sondern auch Schallplatte und Film stellten Gesetzgeber und Gerichte vor neue Aufgaben. Es ging dabei nicht nur um urheberrechtliche Probleme, wie ein Bericht der „Deutschen Montags-Zeitung" vom 25. Mai 1914 beweist: „Ein Klavierspieler verlangte am Berliner Gewerbegericht für einen Tag 10 Mark Kündigungsentschädigung. Der Beklagte, ein Kinobesitzer, wandte ein, der Kläger habe ihn durch seine tollen Streiche in arge Verlegenheit gebracht. Es sei auf der Leinwand ein ergreifendes Drama abgerollt worden, und als im vierten Akt ein Wohnhaus in Flammen aufging und Greise und Kinder vor dem gierigen Flammenmeer flüchteten, da habe der Kläger das Lied: ‚Fritz, bleib hier, du weißt ja nicht, wie's Wetter wird!' gespielt. Hierauf habe der Besitzer den Kinomusiker hinausgejagt. Man einigte sich auf die Hälfte der vom Musiker verlangten Entschädigung."

Mehr noch als die technischen Neuerungen machten den Gerichten die politischen Umwälzungen zu schaffen. Um die Jahrhundertwende kam es in Wien zu einer Reihe von Prozessen gegen den Führer der Sozialdemokratischen Partei, Dr. *Victor Adler.* In einer dieser Verhandlungen entspann sich zwischen ihm und dem Vertreter der Anklage folgendes Rededuell: „Wenn man", führte der Staatsanwalt aus, „um die soziale Gefahr an einem Beispiel aus der Physik zu illustrieren, mit einer Fackel in einem feuergefährlichen Ort herumgeht, und die Fackel mit dem Zündstoff in Berührung gerät, dann ist der Fackelträger für den Brand verantwortlich." Darauf Adler: „Es ist richtig, daß ich die Fackel erhebe, um die Zustände zu beleuchten. Aber wenn es wahr sein sollte, daß von dieser brennenden, zur Erleuchtung geschaffenen Fackel einmal ein Funke auf ein Pulverfaß fällt — wer ist dann schuld, die Fackel oder das Pulverfaß? Ich kann dazu nur sagen: Wenn Sie die Explosion nicht haben wollen, dann schaffen Sie die Pulverfässer weg!"

Nachdem Adler ein Bekenntnis zur Gewaltlosigkeit abgelegt hatte, fragte ihn der Vorsitzende: „Halten Sie also unter allen Umständen Gewalt zur Durchsetzung revolutionärer Forderungen für ausgeschlossen?“ Adlers Antwort: „Ich kann natürlich für die Weltgeschichte keine Garantie übernehmen.“

Als Adler zu einem längeren Plädoyer ansetzte, unterbrach ihn der Vorsitzende mit den Worten: „Bitte, fassen Sie sich kurz.“ — „Herr Präsident“, erwiderte der Ermahnte, „ich bin mir bewußt, das Gericht und die Herren Geschworenen zuviel in Anspruch zu nehmen, aber ich bitte zu bedenken: Ich habe mich nicht auf diesen Platz gedrängt, sondern ich bin hierher berufen worden vom Herrn Staatsanwalt.“

Zu den Geschworenen gewandt, fuhr Adler fort: „Es ist sehr langweilig, hier zu sitzen und mir zuzuhören, das räume ich ein; aber bedenken Sie, es wäre für mich noch erheblich langweiliger, woanders viel länger zu sitzen.“

Adler, der ständig überwacht wurde, tröstete einen Polizeibeamten, der ihm gestand, das Anzeigen verdächtiger Reden in Versammlungen sei ihm schon widerwärtig, mit den Worten: „Machen S’ Ihnen nix draus. Das Anklagen ist Ihr Geschäft, das Sitzen das meinige, und uns beiden geht’s ganz gut dabei.“

Die Justiz hatte es inmitten des gesellschaftlichen Wandels nicht leicht. Einer ihrer schärfsten Kritiker war *Karl Kraus*, der den Gerichten einmal vorhielt: „Die bloße Mahnung an die Richter, nach bestem Wissen und Gewissen zu urteilen, genügt nicht. Es müßten auch Vorschriften erlassen werden, wie klein das Wissen und wie groß das Gewissen sein darf.“

Den Versuch, Grenzen der Moral mit Hilfe von Gerichtsurteilen festzulegen, verspottete Karl Kraus mit den Worten: „Ein Sittlichkeitsprozeß ist die zielbewußte Entwicklung einer individuellen zur allgemeinen Unsittlichkeit, von deren düsterem Grunde sich die erwiesene Schuld des Angeklagten leuchtend abhebt."

In der „Fackel" vom 27. Januar 1912 druckte Karl Kraus eine Zeitungsmeldung ab: „Olmütz, 18. Januar. (Korrespondenz zwischen Geschwornen und dem Angeklagten.) Der kürzlich wegen Verbrechens des versuchten Gattenmordes angeklagte, von den hiesigen Geschwornen jedoch gänzlich freigesprochene Alfred Ritter v. Starzynski hat von Wien aus an den Obmann der Geschworenenbank, die das zum Freispruch führende Verdikt fällte, den Fabriksdirektor Franz Holoch aus Mährisch-Schöberg, eine Karte gerichtet, in der er den Geschworenen seinen innigsten Dank für das Verdikt ausspricht und bemerkt, daß der Tag, an dem er freigesprochen wurde, ihm in unauslöschlicher Erinnerung bleiben werde. Der Obmann übersendete als Antwort eine Ansichtskarte an Ritter v. Starzynski, in der es heißt, daß die Geschwornen nur ihre Pflicht erfüllt haben und daß sie sich der Hoffnung hingeben, daß sie ihm an diesem Tage Gelegenheit gaben, einer freudigeren Zukunft entgegenzusehen." Soweit die Zeitungsmeldung, an die Karl Kraus den hämischen Kommentar fügte: „Die Geschwornen sind nach dem Gesetze nicht verpflichtet, ihre Ansichtskarten zu motivieren."

Nach wie vor kamen die Kritiker auch aus den eigenen Reihen. So schrieb *Otto Erich Hartleben* über seine Praktikantenzeit: „Ich kam nach Magdeburg an die Strafkammer, und da ging's nicht mehr. Da hatte ich den Jammer, daß ich mit den Leuten auf der Anklagebank fast täglich lieber zu Abend gegessen hätte als mit meinen Kollegen. Auf die Dauer hätten dies die einen den anderen übelgenommen, und ich wäre in die peinlichsten gesellschaftlichen Verlegenheiten gekommen."

Hartleben hatte in Leipzig studiert und dort ein amouröses Abenteuer erlebt, das er in dem Theaterstück „Lore" verewigte. Als Gustav Radbruch nach Leipzig kam, um die Rechte zu studieren, wollte er mit der dortigen Finkenschaft, der „Korporation der Nichtkorporierten", das Stück spielen und bat Hartleben um Genehmigung einer tantiemenfreien Aufführung. Der Dichter schrieb auf offener Postkarte zurück: „Natürlich können Sie die ‚Lore' umsonst haben. Ich habe sie auch immer umsonst gehabt, das warme Abendessen ausgenommen."

Ein junger Mann kam zu Hartleben, las ihm seine Gedichte vor und bat um Beurteilung. „Lieber Freund", sagte Hartleben, „ich war zuerst Jurist und bin dann Schriftsteller geworden. Machen Sie's umgekehrt!"

Ludwig Thoma, ursprünglich selbst Jurist, gewann seinem Beruf als Rechtsanwalt immer weniger Vergnügen ab. Über einen als besonders tüchtig geltenden Kollegen urteilte er: „Er hatte einen Einser im Examen und ist auch sonst von mäßigem Verstand."

Wegen Beleidigung von Sittlichkeitsvereinen wurde Ludwig Thoma schließlich zu sechs Wochen Haft verurteilt und traf am 16. Oktober 1906 im Gefängnis Stadelheim bei München ein, wo er daranging, sein Theaterstück „Moral" zu konzipieren. Am 20. Oktober besuchte ihn sein Verleger Albert Langen; nachher notierte Thoma in seinem Tagebuch: „Es ist eine Komödie. Ich werde wie ein wildes Tier unter Geleite vor das Zimmer geführt, und drinnen stehe ich unter Bewachung des Inspektors. Gewiß, er war höflich, nett. Aber trotzdem, die Situation ist dumm und lächerlich! Ich erinnere mich an ein älteres Genrebild: ‚Der Pußtaräuber wird vor der Hinrichtung von seiner Frau besucht.‘ “

Unermüdlich in seiner Kritik war der Münchner „Simplicissimus“, der die Justiz und ihre Repräsentanten in immer neuen Varianten karikierte und persiflierte. Als typisches Beispiel kann das mit einer Zeichnung von *Bruno Paul* versehene Couplet „Die Thronstütze“ gelten, das mit den Versen endete:

„Führ 'ne heftige Bataille
Mit der dummen Preßkanaille,
Leg sie auf die Latte.
Will ich mir mal amüsieren,
Laß den Geist ich maltraitiren,
den ich selbst nicht hatte.

Scharf nach unten, mild nach oben,
Öffentlich den Herrgott loben,
Heimlich is man kalte.
Bald 'nen Tritt und bald 'nen Orden,
Mancher ist schon so jeworden
Oberstaatsanwalte!“

Die Gelehrten kamen im „Simplicissimus“ nicht besser weg. So brachte er eine Karikatur von *Rudolf Wilke*, in der einem alten Professor ein etwa zehnjähriges Mädchen aus Amerika vorgestellt wird, worauf er zu dem Kinde sagt: „So, Sie gehören also dem Volke an, das trotz des römischen Rechts beim Spezieskauf keine traditio rei verlangt?“

„Die elf Scharfrichter" traten am 13. April 1901 in einem Hinterraum der Münchener Bierwirtschaft „Zum Goldenen Hirschen" zum ersten Male vor die Öffentlichkeit. Einer von ihnen war der Rechtsanwalt *Robert Kothe,* der sich Frigidius Strang nannte, die übrigen waren Schriftsteller, Maler und Musiker mit den Künstlernamen Starr, Tod, Luft, Ruch, Knax, Beil, Blut, Rost, Grab und Still. Sie trugen blutrote Henkerstracht, hatten auf der Bühne einen „Schandpfahl" errichtet, an den die Zensurbescheide angenagelt werden sollten, und dahinter prangte als Wahrzeichen ein beilzersplitterter Philisterkopf mit Zopf und Perücke. Die Hymne der Scharfrichter, die gegen eine verschärfte Verfolgung „unzüchtiger" Schriften und Kunstwerke protestierten, lautete:

„Erbauet ragt der schwarze Block,
Blutrotes Herz, blutroter Rock,
Wir richten scharf und herzlich.
All unsere Lust ist schmerzlich.
Wer mit dem Tag verfeindet ist,
Wird blutig exequieret,
Wer mit dem Tod befreundet ist,
Mit Sang und Klang gezieret."

Die Spötter, Kritiker und Protestierer waren die Vorboten des Untergangs der alten Ordnung. Bald nachdem der Erste Weltkrieg ausgebrochen war, wurde „Der Feldherrnhügel" von *Roda Roda* und *Carl Roeßler* wegen Verächtlichmachung der Monarchie verboten. Die beiden Autoren begaben sich zur Zensurbehörde beim Statthalter von Niederösterreich, wo ihnen der zuständige Beamte erklärte: „Dieses Stück wird nicht aufgeführt, solange die Monarchie besteht!" Worauf Roeßler zu seinem Kollegen sagte: „Komm, Roda, gehn ma! Die paar Wochen warten wir halt noch!"

Ähnlich erging es *Karl Kraus*. Im April 1918 wurde er angezeigt, weil er in einer Vorlesung im Wiener Konzerthaus Hetze gegen das verbündete Deutsche Reich betrieben, den Pazifisten Hofrat Dr. Lammasch verherrlicht und mit dem Ausdruck „Chlorreiche Offensive" höhnische Kritik am Gebrauch von Gaskampfmitteln bei der Offensive im Westen geübt habe. Eine langwierige Untersuchung begann, unzählige Akten wurden geschrieben und mitten während der Erhebungen wurde der von Kraus verherrlichte Pazifist Lammasch von Kaiser Karl zu seinem Ministerpräsidenten bestellt. Im April 1919, ein Jahr nach Beginn der Erhebungen, druckte Karl Kraus alle diese Aktenstücke in der „Fackel" ab, einschließlich des letzten Einsichtsvermerkes, der da lautete: „Ad Acta, 18. 11. 18." „Also an einem Tage", fügte Karl Kraus hinzu, „an dem auch Österreich bereits ad acta gelegt war."

KAPITEL III

Es ist gefährlich, unschuldig zu sein

oder

GEBEUGTES UND GEWAHRTES RECHT

„Das Unrecht ist um so viel älter als das Recht, wie der Angriff älter ist als die Verteidigung, und wie jeder Verteidigung durch den Angriff, so wird dem Recht durch das Unrecht die Weise seines Verhaltens unentrinnbar vorgeschrieben."

Gustav Radbruch, 1925

Eine neue Zeit begann, die viel Rechtsunsicherheit brachte. *Paul Ronge,* der später einer der angesehensten Anwälte in Deutschland wurde, meldete sich als junger Referendar im ostpreußischen Braunsberg zum Dienstantritt und wurde vom Oberstaatsanwalt mit den Worten empfangen: „Sie müssen jetzt der Reichsverfassung Treue schwören. Unter uns gesagt, ich habe sie selbst noch nicht richtig gelesen. Sie kann ja auch jeden Tag geändert werden. Also schwören Sie halt mal!"

In Leningrad verteidigte nach der Oktoberrevolution der Anwalt *Gurowitsch* eine Gruppe von „Konterrevolutionären" und wurde vom Staatsanwalt angeherrscht: „Wo sind Sie während der Zarenzeit gestanden?"

Gelassen erwiderte Gurowitsch: „Dort, wo ich auch heute stehe, auf der Seite der Angeklagten!"

In Wien versuchte man der neuen Zeit eine heitere Seite abzugewinnen. Unter dem Titel „Aus dem Gerichtssaal der Zukunft" brachte der „Kikeriki" am Beginn des Jahres 1919 die Meldung: „Vor dem Spartakistensenat Favoriten gelangte gestern der Fall Maier zur Verhandlung. Maier wurde vorigen Freitag mit einem Hammer in der Hand angetroffen und wollte offenbar einen Nagel einschlagen. Obwohl Maier jede Arbeitsabsicht leugnete, erkannte ihn der Senat der versuchten Arbeit schuldig und verurteilte ihn zu 14 Tagen Arbeitslosenunterstützung."

In Niederösterreich dispensierte *Albert Sever,* der von 1919 bis 1920 das Amt des Landeshauptmannes bekleidete, Eheleute, die zwar von Tisch und Bett geschieden waren, nach bestehendem Eherecht aber als verheiratet galten, von diesem Ehehindernis und ermöglichte ihnen so die Wiedervereheliehung. Die Kritiker dieser Dispensehen, die auch Severehen genannt wurden, sagten dazu: „Es gibt nur eine glückliche Severehe, das ist die Ehe Severs, und die ist keine Severehe."

Nachdem sich ein Wiener Bezirksrichter geweigert hatte, die Gültigkeit einer solchen Dispensehe anzuerkennen und ein Innsbrucker Universitätsprofessor gegen Severs Vorgehen aufgetreten war, veröffentlichte der „Kikeriki" im August 1920 folgende „Rote Bulle": „In Erwägung, daß gegen die von Uns, kraft Unserer Unfehlbarkeit, zum Sakrament erhobene Dispensehe nicht nur Anhänger des von uns aufgehobenen Kirchenrechtes, sondern auch Vertreter des bürgerlichen Rechtes und der sogenannten voraussetzungslosen Wissenschaft aufgetreten sind, erklären wir hiemit ex cathedra, daß es im Zeitalter des Sozialismus ein bürgerliches Recht nicht mehr gibt und eine Wissenschaft nur noch unter der Voraussetzung, daß sie uns Recht gibt, und verhängen über den Wiener Bezirksrichter Otto Weinberger und den Innsbrucker Univ.-Prof. Doktor Woeß den großen roten Kirchenbann. Gegeben zu Wien, St. Marx, im 2. Jahre unserer Regierung. Papst Severus I. m. p."

In Ungarn kam der Rechtsstaat unter die Räder der roten Revolution und der weißen Gegenrevolution. Als man den ehemaligen königlichen Justizminister *Vilmos Vaszonyi,* der einst das erste jüdische Kabinettsmitglied Ungarns gewesen war, fragte, was er von diesen Zuständen halte, sagte der alte Mann: „Die Leut' meinen, ich schweig. Ich red' aber nur nix!"

In Italien ergriff der Faschismus im Jahre 1922 mit dem Marsch auf Rom die Macht. Bald darauf ließ ein angesehener Rechtsanwalt in Rom an der Stirnwand seines Arbeitszimmers eine Tafel anbringen, auf der nur die Worte standen: „Ist nicht." Besucher, die nach der Bedeutung der Tafel fragten, wurden, soferne sie politisch vertrauenswürdig waren, von dem Anwalt mit den Worten aufgeklärt: „Das ist eine Druckfehlerberichtigung. Die Faschisten haben in allen Gerichtssälen die Inschrift anbringen lassen: ‚Die Gerechtigkeit ist für alle gleich.' Dabei hat sich offensichtlich ein Druckfehler eingeschlichen. In Wirklichkeit muß es doch heißen: ‚Die Gerechtigkeit ist nicht für alle gleich.'"

In München scheiterte *Hitlers* Marsch zur Feldherrnhalle im November 1923, worauf er im Februar 1924 gemeinsam mit *Ludendorff* und einigen anderen Verschwörern vor Gericht gestellt wurde. Den Prozeßverlauf hat die Wiener satirische Zeitschrift „Götz" in Gedichtform geschildert:

„In München tagt ein Volksgericht,
das seltsame Späße macht,
wenn einer der Angeklagten spricht,
steht das Gericht ‚Habt acht'!

Der Richter und der Staatsanwalt,
die sitzen bleich und stumm,
wenn Hitler seine Fäuste ballt.
‚Heil' schreit das Publikum.

Justitia ist am Lumpenball
und Hochverrat ist Pflicht.
Das ist der Münchner Karneval,
das Münchner Volksgericht."

In Österreich ging es nach Ansicht der „Arbeiterzeitung“ nicht viel anders zu. Sie brachte im Jänner 1924 folgende imaginäre Urteilsberatung: „Der Sozialdemokrat hat dem Hakenkreuzler gesagt: Stecken S' den Revolver ein, sonst geht er am End noch los! Also gefährliche Drohung, zwei Monate Kerker! — Der Hakenkreuzler hat g'schossen, weil er sich vor der Drohung g'fürcht hat. Also Freispruch!“

Die allgemeine Rechtsunsicherheit beschrieb *Alfred Polgar* mit folgendem Dialog: „Vater, was ist Gerechtigkeit? — „Gerechtigkeit, mein Sohn, ist ein unregelmäßiges Substantivum, eines der unregelmäßigsten, die wir haben. Es kann sowohl stark wie schwach abgewandelt werden und bedeutet in seinen verschiedenen Fällen Verschiedenes. Lerne das Wort abwandeln, damit du nicht mit der Sprache, die unsere Zeit redet, Schwierigkeiten hast. Lerne Gerechtigkeit deklinieren.“

Auch die Not der Zeit, die Ursache vieler Verfehlungen war, brachte Alfred Polgar auf eine knappe Dialogformel: „ ‚Was wünschen Sie zum Abendbrot‘, fragte der Gefängnisdirektor den armen Sünder, der morgen früh am Galgen sterben sollte. ‚Sie dürfen essen und trinken, was und wieviel Sie wollen.‘ ‚Schade!‘ sagte der Delinquent. ‚Schade! Wenn Sie mich das drei Monate früher gefragt hätten, wäre der ganze Raubmord nicht passiert.‘ “

Karl Kraus, der die Justiz der Monarchie kritisiert hatte, fand die Justiz der Republik nicht viel besser und schrieb in der „Fackel“ vom Juli 1925 unter dem Titel „Veränderung“:

„Wie ich das Aussehen unserer Themis finde?
Mir scheint, als ob sie sich verändert hätt'.
Sie hat vor den Augen keine Binde,
doch vor der Stirn ein Brett.“

In Deutschland war *Kurt Tucholsky* ein unerbittlicher Kritiker der Justiz. So meinte er in seinem Buch „Deutsche Richter“ im Jahre 1927: „Die deutsche Strafprozeßordnung liest sich im großen und ganzen wie die Lieferungsverträge, die sich bei uns eingebürgert haben: was auch immer geschieht, geht zu Lasten des Bestellers, und die ausführende Firma haftet für gar nichts.“

Die Prozeßwut seiner Landsleute charakterisierte Tucholsky mit den Worten: „Wenn der Deutsche hinfällt, steht er nicht auf, sondern sieht sich um, wer ihm schadenersatzpflichtig ist.“

Über den IV. Senat des Reichsgerichtes, der sich mit politischen Delikten befaßte, spottete Tucholsky: „Der Erfinder Gustav Papenstrumpf aus Niederschöneweide hat einen Apparat erfunden, der die gesamte Tätigkeit des IV. Reichsgerichts-Senats automatisch verrichtet. Von der Einführung ist jedoch abgesehen worden; der IV. Senat macht das genausogut wie ein Automat.“

Der Kritik an der Justiz in politisch bewegter Zeit stand die Tatsache gegenüber, daß es noch Richter vom guten alten Schlag gab, die unabhängig, lebensnah und welterfahren ihres Amtes walteten. Einer von ihnen war der Senatspräsident *Franz Marcus,* der seine Erlebnisse im Hamburger Justizdienst aufgezeichnet hat. So hatte sich eine Geschäftsfrau einmal geweigert, eine Partie Hosen wegen verspäteter Lieferung anzunehmen. Es kam zum Prozeß, und der schließlich erzielte Vergleich fand im Protokoll folgenden Niederschlag: „Kläger zahlt der Beklagten 10 Mark. Beklagte nimmt die Hosen ab.“

In einem Prozeß, in dem es um Herausgabe von Möbeln gegangen war, lautete der Vergleich dagegen: „Kläger läßt den Ausziehtisch fallen.“

Eine Frau wurde auf Zahlung von sechs Mark verklagt, behauptete aber, den Betrag bereits beglichen zu haben. Der Richter fragte sie: „Wann wollen Sie denn die sechs Mark bezahlt haben?“ Antwort: „Bezahlt haben will ich gar nichts. Ich habe sie bezahlt.“

Von einem Erbschaftsprozeß notierte Marcus, daß der Richter eine Bäuerin fragte: „Haben Sie mit Ihrem Mann einmal einen Gütervertrag gemacht?“ Die biedere Frau antwortete: „Ja, wir vertragen uns immer gut, Herr Doktor!“

Der württembergische Oberamtsrichter *Wilhelm Adam Dodel* war so populär, daß ihm Karl Setz unter dem Titel „Dodeldum“ sogar ein Buch gewidmet hat. Dodel hatte einmal einen Handwerksmeister aus Blaubeuren abzuurteilen, dem die Staatsanwaltschaft vorwarf, er habe „vorsätzlich und rechtswidrig eine fremde Sache beschädigt und in Tateinheit hiermit groben Unfug verübt bzw. die Nachtruhe gestört indem er zu Blaubeuren nächtlicherweile das Amtsgericht anschiffte.“ Dodel verurteilte den geständigen Angeklagten zu 15 Mark Geldstrafe und gab folgende Begründung: „Die Tat als solche ist eine Geldstrafe von 10 Mark wert. Im vorliegenden Fall kommt aber eine Strafverschärfung hinzu! Wie konnten Sie, Angeklagter, an die Wand des Amtsgerichtes gehen, wo doch nur ein paar Schritte weiter das Finanzamt steht!“

Auf dem Blaubeurer Wochenmarkt hatten der Ziegenbock eines Bauern aus Seißen und die Ziege einer Bäuerin aus Weiler das zum Verkauf ausgestellte Geschirr einer Marktfrau zertrampelt. Es kam zum Prozeß, und Oberamtsrichter Dodel, der Augenzeuge der Szene auf dem Wochenmarkt gewesen war, verkündete folgendes Urteil: „Die beklagte Bäuerin hat vier Teile und der beklagte Bauer zwei Teile der zerbrochenen Töpfe, Tassen und Teller zu bezahlen. Begründung: Dia Goiß ist mit vier Füß in dem Geschirr drenn gstande, ond der Bock bloss mit zwoi."

Ein junger Lehrer in Blaubeuren hatte einen Hasen erschlagen, der sich in seinen Garten verirrt und dort unter die Röcke seiner Frau geflüchtet hatte. Er wurde wegen „Wilderei" angezeigt, und der Vertreter der Anklage führte aus: „Der Beschuldigte hat an einem Ort, an dem zu jagen er nicht berechtigt gewesen ist, die Jagd ausgeübt. Nach dem Kommentar von Frank zu § 292 Strafgesetzbuch ist unter Jagdausübung auch das Töten des Wildes ohne die Absicht der Besitzergreifung zu verstehen. Gegen den nicht vorbestraften Angeklagten wird eine Geldstrafe von 20 Mark beantragt, dem Gericht jedoch anheimgestellt, die allfällige Härte der Verurteilung im Wege der Gnade zu mildern." Oberamtsrichter Dodel, der den Prozeß leitete, fällte einen Freispruch mit der Begründung: „Der Hase ist im Zeitpunkt, in dem er erlegt wurde, unter den Röcken der Frau des Angeklagten gesessen. Unter den Röcken seiner Frau steht aber das Jagdrecht allein dem Angeklagten zu."

Auch der Amtsgerichtsrat Dr. *Montanus,* dessen Aussprüche der Wuppertaler Rechtsanwalt Richard Schieß aufgezeichnet hat, war ein Mann von weisem Humor. In den zwanziger Jahren hatte er eine alte

Frau zu vereidigen, die sich dagegen mit den Worten wehrte: „Bitte, lieber Herr Richter, sehen Sie doch, ich stehe ja schon mit einem Bein im Grabe ..." Ungerührt erwiderte Montanus: „So heben Sie das eine Bein aus dem Grabe, die rechte Hand hoch und sprechen Sie mir die Eidesformel nach ..."

Montanus ging auf dem Weg zu einer Ehescheidungsverhandlung über den Korridor des Amtsgerichtes, dessen Bretterboden eben frisch geölt und, um die Gefahr des Ausrutschens zu mildern, mit Sägespänen bestreut worden war. „Seltsam, seltsam", sinnierte der Richter. „Heiraten die Menschen, so streut man Rosen, wollen sie auseinandergehen, streut man Sägespäne."

Für unfreiwilligen Humor sorgte in Breslau jener Amtsgerichtsrat, der in den zwanziger Jahren das Dezernat für Verkehrsunfälle leitete. Bei einem Prozeß, den der etwas betagte und weltfremde Richter leitete, schilderte der Angeklagte die Fahrt mit seinem Auto, bei der es zum Unfall gekommen war, und gebrauchte dabei wiederholt den Ausdruck: „Ich gab Gas" oder „ich nahm Gas weg". „Sagen Sie mal, Angeklagter", unterbrach ihn schließlich der Vorsitzende, „wieso sprechen Sie denn immer von Gas? Fahren Sie denn nicht mit Benzin?"

Der Salzburger Richter und spätere Rechtsanwalt Dr. *Julius von Poth* hat seine Erlebnisse im Justizdienst in dem Buch vom „Bezirksrichter Freudenreich" aufgezeichnet. In einem Vaterschaftsprozeß fragt Freudenreich den Angeklagten, einen Bauernburschen: „Also, soll es ein Republikkind oder ein Vergleichskind werden?" Verständnislos fragte der Bursche zurück: „Herr Rat, was soll denn das heißen?" „Also, paß auf", belehrt ihn der Bezirksrichter. „Ein Republikkind wird es, wenn ich dich mit einem Urteil ‚Im Namen der Republik' zum Vater ernenne, ein Vergleichskind, wenn du selbst die Vaterschaft anerkennst."

Bei einem Gerichtsvorsteher im Salzburger Land erscheint der Notar, um eine Verlassenschaft zu eröffnen. „Mein lieber Freund", sagt der Richter, „das geht nicht. Ich weiß ja nicht einmal, ob der Betreffende tot ist." „Aber Herr Rat", erwidert der Notar leicht verwirrt, „wir waren doch selber gestern miteinander bei seinem Begräbnis." Darauf der Richter: „Das will gar nichts besagen. Fürs Gericht ist einer erst dann wirklich tot, wenn die Todesfallsaufnahme bei Gericht eingelangt ist. Alles andere sind nur Vorbereitungshandlungen!"

In Wien stand in den zwanziger Jahren ein Mann vor Gericht, der seine Frau im Streit mit einer Fleischmaschine erschlagen hatte. Der Angeklagte hatte einen tüchtigen Anwalt, der mit Erfolg auf Überschreitung der Notwehr plädierte und eine so geringe Strafe erwirkte, daß sie durch die Untersuchungshaft verbüßt war. Der Mann wurde noch im Gerichtssaal auf freien Fuß gesetzt, ging zum Richtertisch, deutete auf die Fleischmaschine, die dort während des Prozesses als Corpus delicti gestanden war, und fragte den Vorsitzenden: „Herr Rat, derf i die Maschin glei mitnehmen?" „Gerne", antwortete der Richter freundlich. „Wollen S' wieder heiraten?"

Vor Wiener Bezirksgerichten ging es oft recht fröhlich zu. So war einmal die Reichsgräfin *Triangi,* eine stadtbekannte Persönlichkeit, von einem Herrn Schlein-Saville auf Ehrenbeleidigung geklagt worden. Schlein-Saville hatte einen der künstlerischen Abende, bei denen sich die Reichsgräfin als Flötenspielerin produzierte, mit dem Ruf unterbrochen „Die wird mit ihrer Flöten noch flötengehen“ und war daraufhin von ihr mit den Worten gerügt worden: „Mein Herr, Sie sind ein Spitzbube! Ich verfluche Sie über Ihr Grab hinaus!“ Vor Gericht nach ihren Personalien befragt, hob die Beklagte an: „Die Reihe meiner Ahnen reicht achthundert Jahre in die Vergangenheit ...“ Sofort unterbrach sie der Vorsitzende: „Also so weit wollen wir nicht zurückgehen. Ich habe heute noch andere Verhandlungen. Wie lange werden Sie für Ihre Verantwortung brauchen?“ „Herr Rat“, antwortete die Reichsgräfin würdevoll, „Ihnen zuliebe werde ich mich kurz fassen. Ich glaube, in zweieinhalb bis drei Stunden alles gesagt zu haben.“

Zwei junge Wiener Komponisten trugen vor Gericht einen Plagiatsstreit aus. *Franz Lehár* war als Sachverständiger geladen. Die beiden Prozeßgegner spielten auf einem Klavier, das man in den Gerichtssaal gebracht hatte, ihre Kompositionen, die einander sehr ähnelten, vor. Nachher fragte der Vorsitzende: „Nun, Herr Lehár, wer ist hier der Geschädigte?“ Nach einigem Zögern antwortete Lehár: „Ich würde sagen, Jacques Offenbach!“

Auch über den Film „Condottieri“, den Luis Trenker gedreht hatte, entstand ein Plagiatsstreit, denn der Streifen war angeblich dem Filmentwurf „Burg gen Osten“ nachempfunden. *Egon Friedell* wurde um ein Gutachten gebeten, mit dem das Gericht aber nicht viel anzufangen vermochte. Es begann mit der Feststellung: „Goethe hat einmal erklärt, es gebe nur sechsundvierzig dramatische Situationen.“ Daran knüpfte Friedell längere Erwägungen über das Wesen eines dramatischen Stoffes und schloß: „Das Sujet ist also vom lieben Gott, von dem übrigens auch alle anderen Sujets abstammen, weshalb die Menschen nicht über ihre Herkunft streiten sollen."

Auch *Franz Molnár* war einmal als Zeuge in einem Plagiatsprozeß geladen. Als Langschläfer war er entsetzt zu hören, daß die Verhandlung um acht Uhr früh beginnen werde. Mit Hilfe von Freunden wurde Molnar rechtzeitig geweckt, verließ das Haus eine halbe Stunde vor acht Uhr, sah, daß die Straßen voller Menschen waren, und sagte fassungslos: „Lauter Zeugen?"

Ein lakonisches Urteil über das Wesen von Plagiatsstreitigkeiten gab *Louis Brandeis,* eines der Mitglieder des Obersten Gerichtshofes der Vereinigten Staaten, ab. „Wenn ein Mann aus einem Buch abschreibt", erklärte er, „nennt man das Plagiat. Schreibt er aus hundert Büchern ab, nennt man es Quellenstudium."

In Italien hat *Piero Calamandrei* das „Lob der Richter" in seinem so benannten Buch gesungen. Calamandrei hatte 1913 seine Tätigkeit als Anwaltsassessor begonnen und war auch Rechtsanwalt geblieben, nachdem er Professor für Zivilrecht in Messina und später in Modena, Siena und schließlich Florenz wurde. Als junger Anwalt unterhielt er sich mit einem kurz vor der Pensionierung stehenden Richter über das Problem des Justizirrtums und wurde von seinem Gesprächspartner belehrt: „Wenn man eine Wahrscheinlichkeitsrechnung aufstellt, so mag es sein, daß die Hälfte der Urteile ungerecht ist und daß folglich fünfzig Prozent aller Verurteilten unschuldigerweise im Gefängnis sitzen. Aus dem gleichen Grund aber war die Hälfte der für unschuldig Erklärten, die frei herumlaufen, in Wirklichkeit schuldig und müßte im Gefängnis sitzen.

Über den einzelnen Fall darf man sich nicht aufregen: Man muß das Phänomen des Justizirrtums im großen betrachten. Dann sieht man, daß sich nach der Statistik die Irrtümer gegenseitig kompensieren ..."

Angesichts solcher Betrachtungsweise ist es verständlich, daß Piero Calamandrei in seinem Buch das Lob der Anwälte mit den Worten verkündete: „Ich sah einmal auf dem Lande einen Jungen, der einem Käfer die Fühler ausgerissen und diesen dann am Straßenrand niedergesetzt hatte, um mit jener den Jungen eigenen Grausamkeit zu beobachten, wie das verstümmelte Insekt sich aus der Affäre ziehen würde. Seiner Erkundungs- und Orientierungsorgane beraubt, schleppte sich der Käfer, taumelnd und sich um sich selbst drehend, verzweifelt dahin; ab und zu stieß er gegen einen Grashalm, und schon diese leichte Berührung genügte, um ihn auf den Rücken zu werfen. Dieses Bildchen kommt mir in Erinnerung, wenn ich daran denke, was aus dem Prozeß würde, wenn man, gewissen Wünschen zufolge, die Anwälte abschaffte: diese hochempfindlichen Fühler der Gerechtigkeit."

Etwas prosaischer hat der französische Anwalt *René Floriot* sein Metier beschrieben: „Für die hübsche junge Frau, die sich scheiden läßt, ist der Rechtsanwalt ein indiskreter Mensch. Für den Kaufmann ist er ein allzu vorsichtiger Ratgeber. Für das Opfer eines Verbrechens ist er der Beschützer. Für den Urheber des Verbrechens ist er der Retter, auf den man alle Hoffnungen setzt. Jeder Rechtsanwalt ist ein bißchen von alldem."

Max Hackenburg, der im Jahre 1927 seine „Lebenserinnerungen eines Rechtsanwaltes" veröffentlichte, meinte dagegen lakonisch: „Der Anwalt ist der freie-

13 Obrigkeitsjustiz anno dazumal. „Daß Sie den Redakteur dreiviertel Jahr in Untersuchungshaft behalten haben! Die Freisprechung war doch eigentlich vorauszusehen?" — „Jetzt hat der Lump wenigstens seine Strafe weg."

Der Dissident

14 „Sprechen Sie nach: ich schwöre bei Gott . . .“ — „Aber ich glaube nicht an Gott!“ — „Macht nichts, wenn se bloß ans Zuchthaus glauben!“

ste Mensch der Welt. Er ist von niemandem abhängig als von Klienten, Kollegen und den Gerichten."

Auf eine höchst originelle Weise hat der Rechtsanwalt *Waldemar Klinkhammer* seine Ansichten über die Advokatur verewigt. Er schnitzte in die Schränke und Fensterkreuze des Anwaltszimmers im Gerichtsgebäude von Rudolstadt in Thüringen folgende Sprüche:

„Der Anfang ist allerorten schwer,
Beim Anwalt aber zweimal mehr.

*

Willst du beim Volk in Achtung stehn,
Dein Maul muß wie ein Mundwerk gehn.

*

Verlierst du, laß kein Tränlein rinnen,
Zwei können nicht zugleich gewinnen.

*

Führ deine Sach gut oder schlecht,
Der Menge machst du's niemals recht."

Was den Anwalt in seiner Praxis erwartet, hat der Strafverteidiger *Paul Ronge* in die anschaulichen Worte gekleidet: „Wie Daniel Spitzer von Wagnerschen Opern sagt ‚Entzückende Momente, aber verflucht langweilige Viertelstunden', so kann man vom Gericht sagen: ‚Gelegentlich mal ein interessanter Augenblick, aber Stunden bleierner, allenfalls gutgepflegter Langeweile.'"

Die Anwälte überbrückten die Stunden bleierner Langeweile mit viel Humor. Als im Jahre 1925 als Ehrengabe für Dr. Otto Liebmann unter dem Titel „Jus und Jux" eine Sonderausgabe der „Deutschen Juristen-Zeitung" erschien, fand sich darin z. B. folgender Entwurf für ein „Gesetz betr. Mitwirkung der Frauen bei der Rechtsprechung“: „§ 1 Die Frauen sind zu allem fähig. — § 2 Die Unfähigkeit hat mit der Frage der Fähigkeit nichts zu tun. — § 3 Frauen dürfen ein Amt ablehnen, wenn sie nicht die dazu passende Garderobe besitzen. Als Garderobe im Sinne dieser Vorschrift gilt auch der Hut. Doch kann sich keine Frau darauf berufen, daß sie ein Loch im Strumpf habe, es sei denn, daß das Loch durch seine Größe dem Strumpf seine Eigenschaft als Strumpf entzieht. — § 4 Als Richter dürfen nur solche Frauen fungieren, welche von der Natur mit einer ausreichenden Sitzvorrichtung ausgestattet sind. Hierüber entscheidet die Justizverwaltung nach Anhörung des rückwärtigen Amtes und der Sitzvorrichtung. — § 5 Die Anwälte haben angesichts eines weiblichen Richters auf feinen Ton zu achten. Auch in Ehescheidungsprozessen sind Ausdrücke vom ‚Schwein‘ aufwärts verboten. — § 6 Als Frauen im Sinne dieses Gesetzes gelten nur Frauen. Frauen, welche nicht Frauen sind, gelten auch nicht als Frauen, es sei denn, daß sie Frauen sind. Hierüber entscheidet die Justizverwaltung. — § 7 Die Worte ‚Mann‘ und ‚Frau‘ werden in sämtlichen Gesetzen gestrichen. An ihre Stelle tritt das Wort ‚Mensch‘ bzw. ‚Unmensch‘ (letzteres ist natürlich der Mann).“

„Jus und Jux“ spottete auch über die Streitsucht der deutschen Bürger und schrieb: „Der Verein zur Hebung der Prozeßwut hat es in dankenswerter Weise übernommen, Vorschläge für die Verbesserung des Bürgerlichen Gesetzbuches zu machen. Wir halten es für zweckmäßig, diese Vorschläge der öffentlichen Diskussion zu unterbreiten.“ Der mit diesen Worten angekündigte Gesetzentwurf zur Änderung des BGB enthielt u. a. folgende Bestimmungen: „§ 7 (Wohnsitz) Wer sich an einem Ort ständig niederläßt, sollte einen Magenarzt konsultieren. — § 55a Durch die Eintragung eines Vereins werden alle Mängel der Begabung des Vorstandes geheilt. — § 119 Nur Komponisten können sich auf einen Irrtum im Motiv berufen. — § 145 Wer mit einem anderen einen Vertrag abschließt, ist schon reingefallen. Es empfiehlt sich daher, nur gemäß § 181 mit sich selbst zu kontrahieren. — § 157 Wer gegen Treu und Glauben handelt, hat sich den Vorteil selbst zuzuschreiben. — § 193 Ist von einem Anwalt an einem bestimmten Tag eine Leistung zu bewirken und handelt es sich um einen Sonnabendnachmittag, so schlägt er mit der Faust auf den Tisch. — § 195a Die Verjährung endet in dem Zeitpunkt, in welchem der Anwalt die maßgebende Bestimmung gefunden hat. — § 242 Der Schuldner ist verpflichtet, die Leistung so zu bewirken, daß Prozesse entstehen. — § 857 Der Besitz geht auf das Finanzamt über."

Auch die eidgenössischen Juristen hatten Humor, wie eine Veröffentlichung der Schweizer Zeitschrift für Strafrecht bewies. Der Anwalt Dr. *Sonderegger* in Heiden im Kanton Bern war im Jahre 1928 von den Landjägern Stark und Bieri wegen Schnellfahrens mit seinem Auto angezeigt, auf dem Polizeiposten Heiden einvernommen und schließlich von einem Gericht des Kantons zu einer Geldbuße verurteilt worden. Dagegen protestierte er in einer gereimten Eingabe, die mit den Versen begann:

„Ich angeklagter Advokat
Verletzte scheint's das Konkordat
Betreffend Fahren auf den Straßen
Und werde angebrachtermaßen
Hiermit darüber einvernommen,
Wie das Delikt zustand gekommen,

Das Stark und Bieri, jene zwei
Vertreter hoher Polizei
Nachachtlich ihrer strengen Pflichten
Mit scharfem Brief nach Bern berichten."

Sonderegger schilderte sodann frei nach Schillers „Lied von der Glocke" den inkriminierten Vorfall und schloß mit den Versen:

„Ich hab' in Ordnung mein Gewissen,
Doch menschlich ist's, daß man sich trügt,
Drum möcht' ich aufs genauste wissen,
Wo die gemess'ne Strecke liegt.
Jedoch im Lande der Dekrete
Weiß jeder Automobilist:
Hier hilft nicht Schiller und nicht Goethe:
Weil einfach zu bezahlen ist."

Der Polizeirichter *Blumenstein*, zu dem Sondereggers Eingabe gelangte, leitete sie mit folgenden Versen an die beiden Polizisten weiter:

„Da sich der Dichter sehr beklagt,
Man hab zu Unrecht ihn geplagt,
So geht vorläufig sein Gedicht
An Stark und Bieri zum Bericht."

Die beiden Polizisten antworteten am 15. Oktober 1928 prosaisch: „Bericht betreffend beiliegende Anzeige. Dieselbe ist richtig. Die Geschwindigkeitskontrolle wurde mit Telephonapparaten und Stoppuhren im Zentrum der Ortschaft Höchstetten ausgeführt." Daraufhin fällte Richter Blumenstein folgendes Urteil in Versen:

„Die beiden Häscher treten fest auf ihre Hinterhacken
Und lassen keinen einz'gen Kilometer sich abzwacken.
Drum muß ich trotz Gedicht und heiteren Faxen
Den Dr. Sonderegger jetzt verknaxen:

Nach Berner Richtermäß für solchen Spurt
Wird er zu vierzig Franken Buß verknurrt."

Der Strafbescheid ging dem zuständigen Verhörrichter zu, der ihn am 23. Oktober 1928 mit einem Vierzeiler weiterreichte:

„Schwer drückt auf mein Gemüt die Pflicht
Zu leiten diesen bösen Bericht
An Dr. Sonderegger, der sonst so bekannt
Als Langsamfahrer hier am Land."

Dr. Sonderegger nahm das Urteil mit der Ankündigung an, daß er den gereimten Aktengang veröffentlichen werde und schloß:

„Es wird doch ziemlich selten sein,
Daß so Verhöramt, Opfer, Richter
Den Fall behandeln wie ein Dichter.
Wo noch Humor lebt in der Welt,
Ist's doch nicht gar so schlimm bestellt.
Und krieg ich Zeilenhonorar,
So zahl' ich meine Buße bar."

Es gab allerdings auch Anwälte, die ihres Berufes überdrüssig wurden. *Stafford Cripps* gab am Ende der zwanziger Jahre seine florierende Wirtschaftsanwaltskanzlei auf, wandte sich in den Reihen der Labour Party der Politik zu und gab als Begründung an: „Ich habe es satt, einem Kapitalisten riesige Summen abzuknöpfen, um sie einem anderen Kapitalisten zuzuschanzen."

Geld ist allerdings ein Problem, um das der Anwalt in keinem Fall herumkommt. Zu dem angesehenen amerikanischen Advokaten *Clarence Darrow* sagte eine glückstrahlende Klientin nach gewonnenem Prozeß: „Mr. Darrow, sagen Sie mir bitte: Wie kann ich Ihnen meine Dankbarkeit erweisen?" „Gnädige Frau", erwiderte Darrow, „seit die Phönizier dankenswerterweise das Geld erfunden haben, ist Ihre Frage leicht zu beantworten!"

Paul Ronge, der das Leben bei Gericht so prägnant geschildert hat, urteilte aus gründlicher Kenntnis. Er hatte seinen Beruf von der Pike auf gelernt. Nach seiner Referendarzeit in Braunsberg war er im Februar 1930 Assessor beim Königsberger Landgericht geworden, wo er am ersten Tag den Justizwachtmeister fragte, ob es eine Garderobe für seinen Mantel gebe. „Garderobe brauchen Sie nicht", belehrte ihn der alte Wachtmeister, „Sie hängen Ihren Mantel in die Asservatenkammer!" „Aber die ist doch abgesperrt", meinte Ronge. „Macht nichts", fuhr der Wachtmeister fort, „ich gebe Ihnen einen Nachschlüssel." „Um Himmels willen", sagte der junge Assessor, „ich kann doch keinen Nachschlüssel benützen!" „Herr Doktor", wies ihn der Justizwachtmeister zurecht, „Sie sind vollkommen weltfremd! Und so wollen Sie Staatsanwalt werden!?!"

Ronge wurde aber tatsächlich Staatsanwalt und trat in einem Prozeß für einen Angeklagten ein, dessen Unschuld offensichtlich war. Nachher kam der Vorsitzende zu ihm und herrschte ihn an: „Sie sind ja ein sehr milder Staatsanwalt! Wenn Sie nicht Freispruch beantragt hätten, hätte das Gericht den Mann verurteilt!" „Herr Amtsgerichtsrat", fragte Ronge daraufhin, „woran liegt Ihnen eigentlich mehr: An einem Urteil oder an einer Verurteilung?"

Nachdem er sich schließlich als Anwalt in Berlin niedergelassen hatte, gewann Ronge tiefe Einblicke in das Ganovenmilieu. Einmal verteidigte er einen schweren Burschen, der mit einem Komplizen einen Einbruch begangen, aber die Schuld allein auf sich genommen hatte und zu zwei Jahren verurteilt worden war. Nach dem Prozeß hielt ihm Ronge vor: „Warum haben Sie denn nicht die Wahrheit gesagt? Sie hätten sicher sechs Monate weniger bekommen." „Herr Doktor, das verstehen Sie nicht", belehrte ihn der Ganove. „Hätte ich meinen Kumpel verpfiffen, hätten wir beide eineinhalb Jahre bekommen, macht zusammen drei. Ich allein habe zwei Jahre, ist also ein Jahr gespart!"

Ronges Kollege, *Dr. Erich Frey*, verteidigte gemeinsam mit Dr. Max Alsberg im Jahre 1929 den Chef des Berliner Ringvereines „Immertreu 1921", Adolf Leib, genannt Muskel-Adolf, dessen Braut unter dem Namen Aktien-Mieze bekannt war. Während der Verhandlung wurde Frey aus dem Anwaltszimmer des Gerichtsgebäudes sein Stadtpelz, ein Erbstück seines Vaters, gestohlen. Zum Weihnachtsfest 1929 fand Frey auf seinem Gabentisch einen Geschenkkarton und darin einen herrlichen Pelz samt Karte: „Ehrlich verloren, ehrlich erworben. Aktien-Mieze."

Über den ebenso berühmten wie vielbeschäftigten *Max Alsberg* erzählte man sich eine bezeichnende Geschichte. Er erschien, weil er bei einem anderen Prozeß festgehalten worden war, zu spät zu einer Verhandlung und sah, wie sich das Gericht gerade zur Beratung zurückziehen wollte. Durch die offene Tür rief er den Richtern nach: „Paragraph zweihundertzehn und elf, Absatz drei und fünf!" Von der Urteilsberatung zurückgekehrt, verkündete der Vorsitzende Freispruch und führte als Begründung an: „Das Gericht hat sich den überzeugenden Ausführungen von Professor Alsberg angeschlossen!"

Anwälte werden von Laien erstaunlicherweise immer wieder gefragt, warum sie Verbrecher verteidigen. Ein angesehener Pariser Advokat hat einmal, mit dieser Frage konfrontiert, seinem Gesprächspartner erklärt: „Ich wäre ja entzückt, wenn ich nur Erzbischöfe und Marienkinder zu verteidigen hätte, aber leider stellen sie nur selten etwas an.“

Auch dem berühmten Pariser Advokaten *Moro-Giafferi* wurde von einer Dame die übliche Frage nach der Verteidigung von Verbrechern gestellt, worauf er antwortete: „Was wollen Sie? Erst gestern habe ich vor Gericht eine Witwe mit ihrem Waisenkind vertreten?“ „Wie rührend“, sagte die Dame entzückt. „Gewiß“, fuhr Moro-Giafferi fort. „Es war eine Frau, die zusammen mit ihrem Sohn ihren Mann umgebracht hat.“

Ein Kollege kam zu Moro-Giafferi und klagte: „Ich habe einen Mann zu verteidigen, der vier Menschen umgebracht hat. Hast du eine Ahnung, wie ich für mildernde Umstände plädieren könnte?“ Nach einigem Nachdenken meinte Moro-Giafferi: „Du kannst bestenfalls sagen, er hätte auch fünf umbringen können.“

Moro-Giafferi war ein blendender Redner. Die Worte, mit denen er einmal sein Plädoyer in einem Abtreibungsprozeß begann, haben seinen jungen Kollegen René Floriot so beeindruckt, daß er sie in seinen Memoiren wiedergibt: „Aber die Abtreibung hat schon angefangen, wenn die Frau sich aus der Umarmung losmacht und ihren Fuß auf den Bettvorleger setzt . . .“

Seiner Brillanz entsprechend war Moro-Giafferi sehr selbstbewußt. „Wie lange werden Sie für Ihr

Plädoyer brauchen, Maître?“ fragte ihn ein Vorsitzender. „Bis der Gerichtshof seine Fehler begriffen hat, und das kann einige Zeit dauern“, erwiderte der Anwalt.

Der Pariser Anwalt *Maurice Garçon* vertrat in einem Scheidungsprozeß den Ehegatten. Der Anwalt der Gegenseite versuchte die Vorzüge der Gattin, einer Dame von nicht ganz einwandfreiem Ruf, herauszustreichen: „Meine Klientin ist vielleicht keine ganz unbescholtene Frau, aber sie ist eine ausgezeichnete Mutter. Das Kind sitzt ständig auf ihrem Schoß.“ Garçon unterbrach ihn: „Da lernt es gerade das Richtige!“

In einem anderen Scheidungsprozeß bezeichnete der Anwalt *Cesare Campinci* die Mandantin der Gegenseite als Dirne. Entrüstet wies sie ihn zurecht: „Ich habe vielleicht in meiner Jugend ein paar Fehltritte begangen, aber seit mehr als zwanzig Jahren lebe ich mustergültig.“ „Madame“, erwiderte Campinci, „wer auch nur einen Tag Minister oder Dirne war, der hat sein Leben lang Anspruch auf diesen Titel!“

Der Herausgeber des „Œuvre“, Téry, zitierte in den Nachkriegsjahren die rechtsradikalen Schriftsteller *Leon Daudet* und *Charles Maurras* wiederholt wegen Ehrenbeleidigung vor Gericht. Dabei kam es dann stets zu erbitterten Wortgefechten zwischen Daudet und Terys Anwalt *Izouard*, die einander mangelndes Heldentum im Kriege vorwarfen. „Wo waren Sie im August 1914, Herr Izouard?“ herrschte Daudet einmal den Anwalt an. „Ich war als Streckenwärter bei der Eisenbahn eingesetzt“, erwiderte Izouard. „Also als Streckenwärter, das ist ja sehr interessant“, triumphierte Daudet. „Ja, als Streckenwärter“, fuhr Izouard fort, „und zwar auf der Strecke Paris—Bordeaux, auf der Sie damals aus der Hauptstadt flohen!"

Bei anderer Gelegenheit warf Izouard seinem Gegner vor, er sei mit dem Automobil aus Paris geflüchtet. „Unsinn", empörte sich Daudet, „ich habe dem Feind nie den Rücken gekehrt." „Das mag sein", erwiderte Izouard, „Sie sind wahrscheinlich auf dem Klappsitz gesessen."

Aristide Briand war wie so viele französische Politiker ursprünglich Anwalt gewesen. Als er einmal gerade das Amt des Justizministers bekleidete, kam ein ehemaliger Kollege zu ihm und sagte: „Einer meiner Klienten ist zu 15 Monaten Gefängnis verurteilt worden, und weil er Ausländer ist, soll er anschließend abgeschoben werden. Er möchte aber so gerne in Frankreich bleiben." „Das läßt sich machen", meinte Briand gemütlich. „Wir können ihn noch einmal für fünfzehn Monate einsperren."

Den Weg von der Politik zur Rechtswissenschaft ging der spanische Abgeordnete *Alejandro Lerroux*, der bereits ein bekannter Parlamentarier war, als er sich entschloß, das juristische Staatsexamen abzulegen. Einer der Prüfer wollte ihn in Verlegenheit bringen und fragte: „Können Sie mir sagen, welche Farbe die Sandalen Mohammeds hatten." „Sie waren grün", antwortete der Parlamentarier ohne Zögern. „Falsch", belehrte ihn der Professor, „sie waren blau." „Mohammed besaß zwei Paar", erwiderte Lerroux ungerührt.

Der italienische Anwalt *Giuseppe Romualdi* hatte es in einem Zivilprozeß mit einem als eitel bekannten Anwalt zu tun und begann sein Plädoyer mit den Worten: „Mein alter und verehrter Kollege von der

Gegenseite ..." Entrüstet unterbrach ihn der gegnerische Anwalt: „Ich bin nicht alt!" „Hohes Gericht", fuhr Romualdi fort, „leider liebt mein verehrter Kollege von der Gegenseite die Wahrheit nicht ..."

Ein Kollege Romualdis hatte vor Gericht einen schwierigen Fall zu vertreten und plädierte: „Die Frage, vor der ich stehe, läßt nur zwei Lösungen zu. Das erlauchte Gericht hat sie schon zweimal entschieden: Das erste Mal im einen, das zweite Mal im anderen Sinn." Nach einer kurzen Pause fuhr er mit tiefer Verbeugung fort: „Und immer bestens!"

Mit einem ähnlichen Dilemma sah sich ein römischer Anwalt konfrontiert. An einem Vormittag wurde von zwei Zivilsenaten, die in zwei nebeneinanderliegenden Sälen des Justizpalastes tagten, anhand zweier verschiedener Berufungen die Frage nach der Bedeutung eines bestimmten Artikels des Mietengesetzes in diametral entgegengesetzter Weise entschieden. Als die Entscheidungen bekannt wurden, herrschte der abgewiesene Klient seinen Anwalt an: „Sie haben offenbar eine falsche Argumentation gewählt!" „Nein", erwiderte der Advokat. „Nicht die falsche Argumentation! Nur die falsche Tür!"

Im ungarischen Szombathely, von den Österreichern aus den Zeiten der Monarchie her Steinamanger genannt, residierte der Bischof *Graf Mikes,* ein kunstsinniger Herr, der fast täglich der Antiquitätenhandlung *Karl Rosenstingl* gegenüber dem bischöflichen Palais einen Besuch abstattete und ein guter Kunde war. Eines Tages entdeckte er ein besonders schönes Service der Firma Herend und ließ es sich in das Palais schicken, ohne den Preis von 15.000 Pengö zu bezahlen. Da er unmittelbar darauf auch seine regelmäßigen Besuche einstellte, wandte sich Rosenstingl beunruhigt an Doktor *Danos*, den angesehensten Rechtsanwalt von Steinamanger. Der Anwalt gab ihm zu bedenken: „Sie können Seiner Exzellenz, dem Herrn Bischof, nicht einfach einen Mahnbrief schikken. Am besten ist, Sie schreiben ihm, daß Sie das Service von der Porzellanfirma Herend nur in Kommission hatten und daß die Firma ihr Geld verlangt." Der Brief wurde abgeschickt und am Tag darauf erschien der Bischof bei dem Antiquitätenhändler und erklärte: „Mein lieber Rosenstingl, ich hatte dringende anderwärtige Verpflichtungen, und weil es mir peinlich war, meine Schuld nicht begleichen zu können, habe ich meine Besuche bei Ihnen eingestellt. Aber jetzt, wo ich durch Ihren Brief erfahren habe, daß ich das Geld gar nicht Ihnen, sondern dieser Porzellanfirma schulde, bin ich sehr beruhigt. Was geht mich die Firma Herend an, die kann ruhig auf ihr Geld warten . . .!"

Dem bekannten Wiener Anwalt Dr. *Schönbrunn* gelang im sogenannten „Tiergartenprozeß" ein sensationeller Freispruch. Ein Mann namens Gustav Bauer war beschuldigt worden, seine Freundin im Lainzer Tiergarten ermordet und die Leiche an Ort und Stelle mit Hilfe von Trockenspiritus verbrannt zu haben. Dr. Schönbrunn gelang es, trotz drückender Indizien einen Freispruch für seinen Mandanten zu erwirken, worauf die Wiener den Prozeßverlauf auf die lokalgeographische Formel brachten: „Der Bauer ist durch Lainz in den Gerichtssaal gekommen und hat ihn durch Schönbrunn wieder verlassen."

Gerichtsmediziner an der Wiener Universität war damals Professor *Haberda*, ein sehr konservativer Herr, der z. B. vom Tatbestand der Vergewaltigung nicht viel hielt. Seinen Hörern pflegte er diese Auffassung mit den Worten nahezubringen: „Fädeln Sie einmal einen Zwirnsfaden in eine Nähnadel ein, wenn die Nadel im Zimmer herumrennt und schreit ...“

Der Nobelpreisträger *Julius Wagner-Jauregg* hatte als Psychiater viel mit Problemen des Strafrechts zu tun und erhielt schließlich von der juridischen Fakultät der Wiener Universität die Würde eines Ehrendoktors. Bei dieser Gelegenheit erklärte er: „Mein oberster Grundsatz bei meiner theoretischen und praktischen Beschäftigung mit psychiatrisch-forensischen Fragen war: Gebet dem Arzt, was des Arztes ist, aber dem Richter, was des Richters ist; und ich habe in der Durchführung dieses Grundsatzes manchmal mehr Beifall bei den Juristen als bei den Ärzten gefunden.“

Wagner-Jauregg hatte eine ausgeprägte kriminalistische Begabung. In seinem Institut bemühte man sich einmal vergeblich, einen Kasten, dessen Schlüssel verlorengegangen war, zu öffnen. Wagner-Jauregg sprengte das Möbelstück mühelos auf und erklärte nachher: „Mir scheint, ich werde meinen Assistenten einen Einbrecherkurs lesen müssen.“

Nicht der bedeutendste, wohl aber der bekannteste Anwalt im Wien der zwanziger und dreißiger Jahre war Dr. *Hugo Sperber*, den jedermann unter dem Sprüchlein kannte:

„Räuber, Mörder, Kindsverderber
Gehen nur zu Doktor Sperber.“

Sperber verteidigte einen Einbrecher, dem als besonders erschwerend angelastet wurde, daß er seine Taten einerseits bei hellichtem Tag, andererseits im Schutze der Nacht verübt habe. Entrüstet erklärte der

Anwalt daraufhin in seinem Plädoyer: „Hohes Gericht! Mein Mandant soll nicht bei Tag einbrechen, mein Mandant soll nicht bei Nacht einbrechen. Hohes Gericht, ich frage Sie: Wann soll denn mein Mandant einbrechen?“

Ein Dieb wurde von Sperber verteidigt, war mit dessen Plädoyer nicht zufrieden und unterbrach ihn ständig mit Einwänden. Sperber wies ihn zurecht: „Passen Sie auf, lieber Freund! Ich habe Sie bei Ihrem Einbruch nicht gestört, stören Sie mich gefälligst nicht bei meinem Plädoyer!“

Ein schwerer Bursche, einschlägig vorbestraft, wurde vor Gericht gestellt, weil man ihn nächtlicherweile in der Nähe eines Geschäftes, in dem ein Einbruch verübt worden war, mit einem Rucksack voll Einbruchswerkzeugen angetroffen hatte. Sperber verteidigte den Angeklagten mit den Worten: „Hohes Gericht! Wir alle“ — und dabei maß er mit einem langen Blick die im Gerichtssaal versammelten Männer — „tragen ständig das Werkzeug für einen Ehebruch bei uns. Wem wird es aber deshalb einfallen, uns jedesmal vor Gericht zu stellen, wenn irgendwo ein Ehebruch begangen wird!?!“

Ein Mandant sah in Sperbers Kanzlei eine Zigarettentabatiere liegen, wollte sie einstecken, wurde aber vom Anwalt dabei ertappt und belehrt: „Hören Sie, das ist mein Arbeitszimmer und nicht das Ihre!“

Der junge *Friedrich Torberg*, der viele Jahre später Hugo Sperber in seinem Buch „Die Tante Jolesch oder der Untergang des Abendlandes in Anekdoten“ liebevoll geschildert hat, pflegte den Anwalt nach besonders interessanten „Bassena-Prozessen“, d. h. nach

Ehrenbeleidigungsprozessen vor dem kleinen Bezirksgericht zu befragen. Einmal erhielt er folgende Auskunft: „Am nächsten Dienstag bin ich mit einer Dreckschlampen hier ... das ist nichts für Sie ... aber halt! Donnerstag habe ich einen geleckten Arsch, daß Ihnen das Wasser im Munde zusammenlaufen wird!"

Sperber verteidigte einen jungen Nationalsozialisten, der wegen eines Sprengstoffattentates vor Gericht stand. Der Anwalt fiel beim neuen autoritären Regime in Ungnade, als er in seinem Plädoyer vorbrachte: „Mein jugendlicher und unerfahrener Mandant wußte offensichtlich nicht, daß das einzige in Österreich erlaubte Sprengmittel das Weihwasser ist."

Nach dem Untergang der parlamentarischen Demokratie in Österreich im März 1933 erwog die Regierung Dollfuß die Schaffung einer neuen Verfassung, die ein Jahr später, am 1. Mai 1934, tatsächlich in Kraft trat. Die Opposition nahm diese Pläne anfänglich nicht ernst. Jedenfalls erklärte der sozialdemokratische Politiker, *Robert Danneberg*, am 16. April 1933: „Wenn der Bundeskanzler Dr. Dollfuß unlängst verkündet hat, es müsse jetzt eine Verfassungsreform für Jahrzehnte gemacht werden, schreckt mich das gar nicht, denn in Österreich wird alle vier Jahre eine Verfassungsreform für Jahrzehnte gemacht!"

Auch in den eigenen Reihen wurden nicht alle Verfassungspläne des Bundeskanzlers ernst genommen. Vorübergehend wurde erwogen, für die Wahl des Bundespräsidenten zwölf Kandidaten zur Auswahl vorzuschlagen. Als der Staatssekretär für Landwirtschaft, *Bartholomäus Hasenauer*, ein aufrechter Bauer aus dem Salzburgischen, im Ministerrat davon hörte, meinte er: „Dös geht net. In ganz Österreich gibt's doch kane zwölf Leut', die a guater Bundespräsident wären!"

Der juristische Berater der Regierung Dollfuß, der ihr half, gestützt auf Notverordnungsrecht autoritär zu regieren, war der Sektionschef *Robert Hecht*, der später mit dem ersten Österreichertransport nach Dachau gebracht wurde und dort elend umkam. Hecht war jahrelang der Hausjurist des christlichsozialen Heeresministers Vaugoin gewesen und hatte sich in dieser Eigenschaft gemeinsam mit seinem Chef die erbitterte Gegnerschaft der Opposition zugezogen. So brachte die sozialdemokratische Zeitschrift „Der freie Soldat" unter dem Titel „Ich und mein Hecht" ein Spottgedicht, das mit den Versen endete:

„Solang' i mein Hecht hab'
So bin i no wer,
Der schützt mi ja besser
Als Gott unser Herr.

Bei Seipel, i sag' die Wahrheit,
Mir kann nix passieren.
Solang' mi mei Hausjurist
Durch die Paragraphen tut führen."

In Deutschland war der Wunsch nach einem starken Mann an der Spitze der Weimarer Republik in Erfüllung gegangen, als Generalfeldmarschall *Paul von Hindenburg* im Jahre 1925 zum Reichspräsidenten gewählt wurde. Bald darauf kam Hindenburg nach Leipzig, besuchte das Reichsgericht und sagte zu Präsident *Simons*, der ihn begrüßte: „Das letzte Mal kam ich als Feind nach Leipzig. Das war 1866." „Keine Sorge, Exzellenz", erwiderte Simons. „Die Sache ist verjährt!"

15 Die Frau in der Justiz aus der Sicht der Meggendorfer Blätter. „Gnädiges Fräulein eignen sich eigentlich für Ihren Beruf absolut nicht." — „Und weshalb nicht?" — „Weil Sie schon durch Ihr Äußeres bestechen."

16/17 Zeitloses Pro und Contra: ein guter Anwalt muß seit eh und je ein wenig Kampfhahn und ein wenig Schauspieler sein

Einer der Gegenkandidaten Hindenburgs war der Psychologe *Willy Hellpach* gewesen, der jedoch mit weniger als zwei Millionen Stimmen keine Chance gehabt hatte. Hellpach erhielt bald nach der Wahl einen Ruf nach Heidelberg; böse Zungen behaupteten, man habe ihm ein Trostpflaster für seine Wahlniederlage geben wollen. Jedenfalls wurde das neue Mitglied der Philosophischen Fakultät vom Professor für römisches Recht, *Otto Gradenwitz*, mit den Worten empfangen: „Herr Kollege, ich gratuliere Ihnen und uns, daß Sie bei der Reichspräsidentenwahl durchgefallen sind." Als sich Hellpach über diese Begrüßung etwas verwundert zeigte, fuhr Gradenwitz fort: „Denken Sie nur, was es für ein Malheur gegeben hätte, wenn statt Ihnen der Herr von Hindenburg hier eine Antrittsvorlesung halten hätte müssen."

Hellpach redete gerne und viel, was dazu führte, daß Gradenwitz bisweilen durch die Gänge der Ruperta Carola schritt und nach der Melodie des Deutschlandliedes leise vor sich hinsang: „Hellpach redet über alles, über alles in der Welt . . ."

Gradenwitz, dessen Aussprüche als „Gradenwitze" weithin bekannt wurden, liebte vor allem Wortspiele. Die Heidelberger Universität hatte Thomas Mann das Ehrendoktorat verliehen. Beim Empfang nach der Feier stellte Gradenwitz den Dichter dem Dekan der Juristischen Fakultät, Geheimrat *Richard Thoma*, mit den Worten vor: „Darf ich bekannt machen? Der Herr Thomas Mann und der Frau Thomas Mann."

Kurz vor der Machtergreifung, als die Nationalsozialisten gerade eine Sitzung des Reichstages verlassen hatten, schickte Richard Thoma seinem Kollegen eine Arbeit über den Einfluß der Gewaltenteilungslehre auf die Weimarer Reichsverfassung. Gradenwitz dankte auf offener Postkarte: „Lieber Herr Kollege! Nie hätte ich gedacht, daß mich ein durch die Reichsverfassung aufgeworfenes Problem interessieren würde. Ihr Aufsatz hat mich vom Gegenteil überzeugt. Ist nicht übrigens auch der Exodus der Nationalsozialisten aus dem Reichstag eine Gewalt-Enteilung?"

Ein Warner vor dem nahenden Untergang der rechtsstaatlichen Demokratie war *Gustav Radbruch,* Rechtslehrer und Kulturphilosoph, Professor in Königsberg, Kiel und Heidelberg, sozialdemokratisches Mitglied des Reichstages und einige Zeit hindurch auch Justizminister. Radbruch war ein Meister der Sprache, der zeitlose Rechtsfragen in epigrammatischer Kürze darzulegen vermochte: „Ein bloßes Ungefährwissen ist nirgends gefährlicher als in der Rechtswissenschaft." — „Je mehr Grenzen, um so mehr Grenzfälle, je mehr Grenzfälle, um so mehr Streitfragen, je mehr Streitfragen, um so mehr Rechtsunsicherheit." — „Die Rechtssicherheit verlangt, daß in jedem Rechtsstreit einmal das letzte Wort gesprochen sei, sei dieses Wort auch unzutreffend." — „Das Mißtrauen ist die erste Pflicht jedes Gesetzgebers. Gesetze sind ja nicht gemacht gegen die Guten, sondern gegen die Schlechten, und je mehr Schlechtigkeit ein Gesetz bei seinem Adressaten voraussetzt, um so besser ist es selbst." — „Nur der Banause fühlt sich in jedem Augenblick als fraglos nützliches Glied der menschlichen Gesellschaft. Der Schuhmacher des Sokrates wußte, wozu er auf der Welt sei, nämlich dem Sokrates und anderen Schuhe zu machen. Sokrates wußte nur, daß er nichts wußte. Uns Juristen aber ist das Schwierigste auferlegt: an unseren Lebensberuf zu glauben und doch zugleich in irgendeiner tiefsten

Schicht unseres Wesens immer wieder an ihm zu zweifeln.“ — „Demokratie ist gewiß ein preisenswertes Gut, Rechtsstaat ist aber wie das tägliche Brot, wie Wasser zum Trinken und wie die Luft zum Atmen, und das Beste an der Demokratie dieses, daß nur sie geeignet ist, den Rechtsstaat zu sichern.“

In Amerika wurde Franklin Delano Roosevelt im Spätherbst 1932 zum Präsidenten gewählt. Zum informellen Beraterkreis des Präsidenten, genannt das Küchenkabinett, gehörte der Richter *Samuel Rosenman,* der alle bedeutenden Reden des Präsidenten bis zu dessem Tode im Jahre 1945 entworfen hat. So stammt von Rosenman die berühmte Formulierung aus Roosevelts Nominierungsrede auf dem Demokratischen Parteikongreß am 2. Juli 1932: „I pledge you, I pledge myself, to a new deal for the American people . . .“ Rosenman hatte aber auch eine Wahlrede geschrieben, die Roosevelt im Oktober 1932 in Pittsburgh hielt und in der er eine drastische Reduzierung der Staatsausgaben versprach. In Wirklichkeit bestand der „New Deal“ ganz im Gegenteil aus einer wesentlichen Ausweitung des Budgets zur Ankurbelung der Wirtschaft und zur Beseitigung der Arbeitslosigkeit. Als sich Roosevelt im Jahre 1936 zur Wiederwahl stellte, befürchtete er mit Recht, die Republikaner würden ihn an seine Pittsburgher Rede erinnern, und bat daher Rosenman, einen Vorschlag zu machen, wie er zu seinen damaligen Erklärungen Stellung nehmen solle. Richter Rosenman erschien nach einiger Zeit bei Roosevelt und sagte: „Herr Präsident, ich habe das Manuskript Ihrer Pittsburgher Rede sorgfältig gelesen und kann Ihnen nur einen Rat geben: Sie müssen kategorisch dementieren, diese Rede jemals gehalten zu haben!“

In Deutschland kam Adolf Hitler am 30. Januar 1933 zur Macht. Bald darauf sah man in den Gerichtsgebäuden alte Kämpfer aus den Reihen der Justiz in den Uniformen der SA und der SS. Worauf der Rechtsanwalt *Harry Milpacher* zu seinem Kollegen Paul Ronge sagte: „Uninformiert sind sie immer gewesen. Jetzt sind sie auch uniformiert."

Eines der ersten Opfer der Säuberungen im Justizdienst wurde der Generalstaatsanwalt *Loerbrooks*. Er wurde seines Postens enthoben, nachdem er in seiner Eigenschaft als Präsident der Wilhelm-Busch-Gesellschaft eine Sitzung der Gesellschaft am Beginn des Jahres 1933 demonstrativ mit dem Busch-Zitat eröffnet hatte:

„Der Ruhm, wie alle Schwindelware,
Währt selten mehr als fünfzig Jahre."

In der Nacht der langen Messer vom 30. Juni 1934 wurden der Oberste SA-Führer Röhm, zahlreiche seiner Mitarbeiter und viele Gegner des Regimes ermordet. Bald darauf zirkulierte in Deutschland folgendes Wort: „Die Reichsverfassung wird um einen neuen Artikel erweitert. Er lautet: Der Führer ernennt und erschießt die Reichsminister selbst."

Die allgemeine Rechtssituation in Deutschland charakterisierte der Kabarettist *Werner Finck* mit den Worten: „Der Deutsche Gruß ist zu erweisen durch aufgehobene Rechte!"

Eine andere bezeichnende Erzählung aus dieser Zeit: Ein prominenter Vertreter des Dritten Reiches kommt nach Bern, erkundigt sich nach der Bestimmung eines besonders schönen Regierungsgebäudes, erfährt, daß es sich um das Marineministerium handle und fragt erstaunt: „Wieso gibt es bei Ihnen ein Marineministerium? Sie haben doch gar keine Marine!“ Sein Schweizer Gastgeber belehrt ihn: „Warum sollen wir kein Marineministerium haben? Sie haben ja auch ein Justizministerium!“

Im Jahre 1935 wurde in Deutschland die allgemeine Wehrpflicht wieder eingeführt. Viele Offiziere aus dem Ersten Weltkrieg wurden wieder Soldaten und hatten sich neben anderen ungewohnten Problemen mit den Fragen der militärischen Gerichtsbarkeit herumzuschlagen. So legte der Pour le Merite-Flieger *Theo Osterkamp*, der Kommodore eines neuaufgestellten Jagdgeschwaders war, seiner vorgesetzten Dienststelle folgendes Urteil zur Bestätigung vor: „Ich bestrafe den Flieger Müller mit drei Tagen Kasernenarrest, weil er, auf Wache stehend, gegenüber einer Dame unziemliche Bemerkungen gemacht hat.“ Osterkamp erhielt den Bescheid mit dem Bemerken zurück, die Einheitsführer seien wiederholt belehrt worden, daß der Straftenor nicht in allgemeinen Formulierungen gehalten sein dürfe, sondern eine genaue Beschreibung des Tatherganges enthalten müsse. Daraufhin legte Osterkamp einen neuen Strafbescheid vor, der lautete: „Ich bestrafe den Flieger Müller mit drei Tagen Kasernenarrest, weil er, auf Wache stehend, der vorbeigehenden Frau seines Kommandeurs, die einen Blaufuchs trug, zurief: ‚Na, Kleine, hast du am ganzen Körper so schöne Haare?!‘ “

In Italien trug der König nach dem abessinischen Krieg und der Besetzung Albaniens den Titel „Durch Gottes Huld und den Willen der Nation König von Italien, Kaiser von Äthiopien und König von Albanien“ und in diesem Namen hatten die Gerichte auch ihre Urteile zu verkünden. Nach einem heiklen politischen Prozeß mit viel Prominenz in den Zuhörerreihen, verkündete ein alter Richter, sichtlich verwirrt, das Urteil und begann: „Im Namen Seiner Majestät, durch Gottes Huld und den Willen der Nation Kaiser von Indien . . .“ Des Versprechens bewußt, hielt er entsetzt inne und blickte hilflos im Raum umher, doch in diesem Augenblick sprang in der ersten Zuhörerreihe ein alter faschistischer Milizgeneral auf, hieb mit der Faust auf den Richtertisch und rief mit blitzendem Auge: „Er wird es sein, Kameraden! Schwören wir, daß er es sein wird!!!“

In Österreich setzte nach dem Anschluß vom März 1938 eine große Verhaftungswelle ein. Auch der Kabarettist *Fritz Grünbaum*, der später im Konzentrationslager umkam, wurde in das Polizeigefängnis auf der Elisabethpromenade eingeliefert, ging dort in der Zelle ruhelos auf und ab und sagte: „Jetzt weiß ich endlich, was die Relativitätstheorie ist. Ich gehe und gehe und gehe, und dabei sitz ich . . .“

Die Verpflegung auf der Elisabethpromenade war unzureichend, Grünbaum wagte es sich zu beschweren, wurde belehrt, daß es im Dritten Reich Ernährungsschwierigkeiten gebe und traf daraufhin die weise und zeitlos gültige Feststellung: „Wenn man nicht genug zu essen hat, soll man sich keine Gefangenen halten . . .“

Prof. *Hans Kelsen*, der Schöpfer der österreichischen Verfassung, verbrachte die Emigrationsjahre in Amerika. Solange er noch an der Wiener Universität lehrte, galt er als überaus milder Examinator. So entließ er einmal einen Prüfling, der lediglich eine einzige, noch dazu sehr leichte Frage beantworten mußte, mit den Worten: „Danke, das genügt, Sie haben bestanden.“ Der Student erwiderte: „Herr Professor, ich habe mich aber so gründlich vorbereitet, daß ich Sie bitten würde, mich auf Auszeichnung zu prüfen.“ Darauf Kelsen: „Wenn das so ist, dann haben Sie eben mit Auszeichnung bestanden.“

Der Zweite Weltkrieg brach aus. Reichsjustizminister *Thierack* kündigte eine Verschärfung der Gerichtsbarkeit an und schloß mit den drohenden Worten: „Es ist besser, neun Unschuldige zu bestrafen, als einen Schuldigen laufen zu lassen.“ Bald darauf zirkulierte in Deutschland das Wort: „Wenn man die Rede von Thierack gehört hat, kann man nur sagen: Es ist sehr gefährlich, unschuldig zu sein!“

Nachdem Joseph Goebbels nach der Niederlage von Stalingrad den totalen Krieg verkündet hatte, hieß es, nun werde auch das Rechtssystem total vereinfacht und in einem einzigen Gesetz von drei Paragraphen zusammengefaßt werden:

§ 1 Wer etwas unternimmt oder unterläßt, wird bestraft.

§ 2 Die Strafe richtet sich nach dem gesunden Volksempfinden.

§ 3 Das Volksempfinden wird durch den Gauleiter festgesetzt.

Aus dieser Zeit des großen Unrechts erzählt *Paul Ronge* in seinen Erinnerungen eine bezeichnende Geschichte. Ein Anwalt kommt nach Hause und wird von seiner Frau gefragt: „Wie war der Prozeß?“ — „Gut!“ — „Was hat dein Mandant bekommen?“ — „Er ist zum Tode verurteilt worden!“ — „Und das nennst du gut?“ — „Natürlich, ich bin doch nach Hause gekommen!“

DRITTES KAPITEL

Das Dritte Reich stand vor dem Untergang. In seinen Gefängnissen und Konzentrationslagern saß die Führungsgarnitur einer neuen, anderen und besseren Zeit, die unmittelbar bevorstand. *Konrad Adenauer*, ehemals Oberbürgermeister von Köln, wurde am 25. September 1944, dem Tag seiner silbernen Hochzeit, im Gefängnis Brauweiler bei Köln in Einzelhaft verbracht. Der Justizbeamte nahm ihm Taschenmesser, Hosenträger, Schnürriemen und Krawatte ab, maß den alten Mann mit einem langen Blick und sagte beim Verlassen der Zelle: „Eines sage ich Ihnen noch: Begehen Sie keinen Selbstmord! Ich würde die größten Schwierigkeiten haben! Sie sind ja ohnehin schon achtundsechzig und werden sowieso nicht mehr lange leben . . .“

KAPITEL IV

Wer es hat, dem wird's oft nicht

oder

DAS RECHT UND DIE REFORMEN

„Worüber ich mich immer wieder wundere ist dies: Es gibt auf der Welt über dreißig Millionen Gesetze, um die zehn Gebote durchzuführen.“

Albert Schweitzer, 1949

Am 20. November 1945 begann in Nürnberg der Prozeß gegen die Hauptkriegsverbrecher des Dritten Reiches. Bereits die Präliminarien des Verfahrens waren ungewöhnlich gewesen. Ursprünglich stand auf der Anklageliste der Alliierten auch Gustav Krupp von Bohlen und Halbach, doch war der alte Mann so krank, daß er nicht vor Gericht erscheinen konnte. Der amerikanische Hauptankläger Jackson schlug daraufhin vor: „Wir könnten an seiner Stelle seinen Sohn Alfried anklagen.“ Entrüstet wies ihn der britische Hauptankläger, *Sir Hartley Shawcross,* zurecht: „Wir sind hier in einem Gericht und nicht in einem Fußballstadion, wo man einen Ersatzmann aufs Feld schicken kann, wenn jemand ausgefallen ist.“

Eines der Probleme, mit denen sich die Anklagebehörde auseinanderzusetzen hatte, war die Frage, ob es eine Kollektivschuld gebe und wo ihre Grenzen seien. Als darüber diskutiert wurde, ob auch das Hauspersonal der Gestapo zum Sammelbegriff einer verbrecherischen Organisation zu zählen sei, meinte *Jackson:* „Amerika hat nicht die Absicht, dreieinhalbtausend Meilen von zu Hause entfernt Prozesse gegen Stenotypistinnen und Hausmeister zu führen.“

Unter den sechzehn Männern, die schließlich auf der Anklagebank von Nürnberg saßen, befanden sich u. a. der ehemalige Reichsfinanzminister und Reichsbankpräsident, Hjalmar Schacht, der während des Krieges längere Zeit im Konzentrationslager verbracht hatte, sowie der letzte Chef des Reichssicherheitshauptamtes, Dr. Ernst Kaltenbrunner. Schachts Verteidiger, der bekannte Berliner Anwalt *Dr. Rudolf Dix,* begann daraufhin seine Ausführungen vor Gericht mit den

Worten: „Auf der Anklagebank sitzen Kaltenbrunner und Schacht. Es ist ein seltsam groteskes Bild, daß oberster Kerkermeister und Häftling dieselbe Anklagebank teilen.“

Die Anklagebehörde hatte buchstäblich Berge von Papier produziert; allein die Anklageschrift umfaßte 25.000 Wörter. Als sich der französische Ankläger Dubost einmal beschwerte, daß dem Gericht ein Beweisstück, über das er gerade sprach, nicht vorliege, wies ihn der britische Richter *Lawrence,* der den Vorsitz führte, zurecht: „Wenn alle Dokumente, die Sie uns vorgelegt haben, auch tatsächlich vor uns liegen würden, könnten Sie das Gericht gar nicht sehen.“

Die Verteidigung in Nürnberg sah sich mit dem ungewohnten Kreuzverhör anglo-amerikanischer Art konfrontiert. Die Angeklagten vermochten ihm sogar eine heitere Seite abzugewinnen. So berichtet Luise *Jodl,* die Witwe des zum Tode verurteilten Generalobersten Jodl, in ihrem Erinnerungsbuch „Jenseits des Endes“, daß ihr eines Tages aus dem Gefängnis folgende Parodie eines solchen Kreuzverhörs zuging: „Hatten Sie Haustiere?“ — „Jawohl.“ — „Wie viele Haustiere hatten Sie?“ — „14 Stück.“ — „Dann hatten Sie also auch Milch?“ — „Ich hatte keine Milch.“ — „Sie haben doch eben gesagt, daß Sie Haustiere hatten. Wollen Sie an der ursprünglichen Aussage etwas ändern? Hatten Sie Haustiere oder nicht?“ — „Natürlich, das habe ich doch schon gesagt.“ — „Also, wieviel Milch hatten Sie?“ — „Darf ich Ihnen erklären ...“ — „Zeuge, ich will von Ihnen keine Erklärungen haben. Sie sollen erst meine Fragen beantworten. Kann man von Haustieren Milch haben?“ — „Selbstverständlich, aber ...“ — „Also doch, Zeuge, jetzt kommen wir der Sache schon näher. Sie hatten also Milch. Vielleicht nicht viel, aber Sie hatten Milch." — „Nein, ich hatte auch nicht viel Milch, ich . . ." — „Dann hatten Sie also wenig Milch. Welchen Unterschied machen Sie zwischen einem, der wenig Milch hat, und einem, der nicht viel Milch hat?" — „Da mache ich keinen Unterschied." — „Wieviel hat einer, der wenig Milch hat?" — „Es käme darauf an, ob . . ." — „Ist ein Liter wenig?" — „Ein Liter ist nicht viel." — „Wieviel sind bei Ihnen einige Liter?" — „Sicher mehr als einer." — „Sehen Sie, Herr Zeuge, jetzt kommen wir der Sache wieder näher. Ich komme nunmehr auf die ursprüngliche Frage zurück. Wieviel Liter Milch hatten Sie?" — „Ich sagte schon, ich hatte keine Milch." — „Wollen Sie dem Gericht weismachen, daß Sie keine Milch hatten, obwohl Sie Haustiere hatten?" — „Diese Frage ist leicht zu beantworten. Ich hatte deswegen keine Milch, weil ich einen Hund, eine Katze und zwölf Hühner besaß." — „Warum haben Sie diese Erklärung nicht gleich abgegeben?" — „Sie wollten ja keine Erklärung, sondern nur die Antwort ‚ja' oder ‚nein'." — „Ich habe keine weiteren Fragen an diesen Zeugen."

Nicht nur das Verfahren, sondern auch die Urteile von Nürnberg stießen im Detail auf Kritik. So meinte der amerikanische Historiker *Bradley F. Smith* rückschauend: „Als der Prozeß gegen die Hauptkriegsverbrecher vorüber war, erhielt Winston Churchill, der die englische Landung in Norwegen geplant hatte, den Nobelpreis, während Großadmiral Raeder für die gleiche Planung eine lebenslange Haftstrafe erhielt."

Hans Habe, der 1945 im Gefolge der amerikanischen Militärregierung als Journalist nach Deutschland gekommen war, schrieb bereits nach Beendigung des Verfahrens in der New Yorker Zeitschrift „Der Aufbau": „Die für den Nürnberger Prozeß etablierten Gesetze vermitteln nicht den Eindruck, daß es abwegig sei, einen Krieg zu beginnen. Sie vermitteln bloß den Eindruck, daß es nicht ratsam sei, einen Krieg zu verlieren."

Sir David Maxwell-Fyfe, später Lord Kilmuir, der stellvertretende britische Ankläger beim Nürnberger Prozeß, war bereits in jungen Jahren ein brillanter Anwalt gewesen. Während des Krieges, als er bei der Armee diente, erlitt er einen Schädelgrundbruch, als sein Wagen bei Nacht in einen Bombentrichter fuhr. Als seine Kanzlei vom Krankenhaus gewarnt wurde, daß der Unfall möglicherweise eine Beeinträchtigung des Geisteszustandes von Sir David zur Folge haben würde, meinte einer seiner Mitarbeiter: „Ach Gott, das macht auch nichts. Dann muß er eben Richter werden."

Der französische Richter in Nürnberg, Professor *Donnedieu de Vabres,* lehrte an der Pariser Sorbonne und war ein Mann von außergewöhnlicher Eloquenz. Das Problem der sogenannten Straftatenkumulierung z. B. pflegte er seinen Hörern nahezubringen, indem er sich an eine Studentin wandte und sagte: „Nehmen Sie an, ich würde Sie, was Gott verhüten möge, nachts auf den Schienen der Straßenbahnlinie 19, die zur Universität fährt, vergewaltigen. Ich würde zunächst eine Vergewaltigung begehen, die als schweres Verbrechen vor das Schwurgericht gehört. Außerdem läge eine Verletzung des öffentlichen Anstandes vor, ein Vergehen, das von einem gewöhnlichen Gericht abgeurteilt wird. Und da das Ganze nicht eben in zwei Minuten getan wäre, hätte ich mich auch noch einer Behinderung des öffentlichen Verkehrs schuldig gemacht, die als bloße Übertretung von der Polizei bestraft würde. Wäre ich nun einer dreifachen Verfolgung ausgesetzt? Keineswegs. Nach dem Gesetz wird nur die schwerste Straftat berücksichtigt. Ich würde daher nur wegen Vergewaltigung vor das Schwurgericht zitiert. Und wenn wir weiterhin annehmen, daß mein Freund, Huguenet, Professor für bürgerliches Recht an unserer Universität, während der Untat in ein Jagdhorn stößt, um die Schreie meines Opfers zu übertönen, so würde auch er nur wegen Beihilfe zur Vergewaltigung, aber nicht wegen öffentlicher Ruhestörung belangt." — René Floriot, der diese Ausführungen in seinen Erinnerungen wiedergibt, fügt mit Recht hinzu: „Kein Student von de Vabres hat je vergessen, was eine Straftatenkumulierung ist."

Während in Nürnberg das Gericht tagte, begann im zerstörten Europa der Wiederaufbau. Im Unterrichtsministerium in Wien saß als Leiter der Hochschulsektion der *Baron Otto von Skrbensky,* ein erfahrener Verwaltungspraktiker, der noch aus der Juristenschule der Monarchie stammte. Bei ihm erschien in den ersten Nachkriegstagen ein stadtbekannter Denunziant und vertraute ihm an: „Ach, Herr Sektionschef, ich habe so sehr das Bedürfnis, Ihnen regelmäßig berichten zu dürfen." „Da muß ein Irrtum vorliegen", belehrte ihn der Baron, „denn das hier ist keine Bedürfnisanstalt."

Die materielle Not war groß, und manuelle Arbeit wurde dementsprechend gut bezahlt. Der Wiener Senatspräsident Dr. *Kurt Frieberger* wohnte einer Verhandlung gegen einen Dachdeckergehilfen bei, der seinen Zugang zu Dachböden zu umfangreichen Diebstählen genützt hatte. Der Vorsitzende, auf der Suche nach Notlage als mildernder Umstand, fragte nach dem Wochenverdienst des Angeklagten. Der Dachdecker nannte eine Summe, worauf es dem Richter verblüfft entfuhr: „Aber das ist ja mehr als mein Monatsgehalt!" „Natürli, Herr Rat", erwiderte der Angeklagte, „i arbeit ja auch was!"

Allmählich kehrten wieder geordnete Verhältnisse ein; auch für Kriminalisten. Als 1949 in Wien eine Banknotenfälscherbande ausgehoben wurde, sagte der Oberpolizeirat Dr. *Heger* vom Sicherheitsbüro: „Gott sei Dank, wir werden wieder normal. Sie fälschen schon wieder Geld und keine Brotkarten mehr."

Eine neue Generation von Juristen wuchs heran. Der junge *Heinrich Gleißner,* der inzwischen Botschafter im österreichischen Außenamt geworden ist, studierte in Innsbruck die Rechte und frequentierte den gleichen Pauker, der bereits seinen Vater, den späteren Landeshauptmann von Oberösterreich, unterrichtet hatte. Beim ersten Besuch in Linz während der Semesterferien fragte der Vater: „Jetzt sag einmal, wie ist denn der Pauker mit dir zufrieden?" „Na ja", antwortete der Sohn, „jedesmal wenn ich etwas nicht kann, sagt er: ‚Ihr Herr Papa hat immer alle Antworten gewußt!' " „Merkwürdig", meinte daraufhin Vater Gleißner, „bei mir hat er immer gesagt: ‚Gleißner, Sie bestehen nur aus Wissenslücken!' "

Ludwig Adamovich, Sohn des Präsidenten des Verfassungsgerichtshofes und inzwischen selbst Chef des Verfassungsdienstes im Bundeskanzleramt und Universitätsprofessor, trat beim Verfassungs- und Verwaltungsrechtler der Wiener Universität, *Adolf Merkl,* zusammen mit mehreren Kandidaten zur Prüfung an. Merkl, ein gefürchteter Examinator, begann mit der Frage: „Sagen Sie mir, warum prüfe ich Sie als ersten?" Ohne lange zu zögern antwortete der Kandi-

Ludwig Thoma

Dachau, den 18. Oktober 1894.

Beehre mich anzuzeigen, daß ich von heute ab beim kgl. Amtsgerichte Dachau meine Praxis als

Rechtsanwalt

eröffnet habe. Meine Kanzlei befindet sich in dem Hause des **Herrn Max Rauffer, Kleiderhändler in Dachau, II. Stock.**

Dr. jur. Ludwig Thoma,

Rechtsanwalt.

18 Ludwig Thoma, Jurist und Schriftsteller, einer in der langen Ahnenreihe, wie Logau, Goethe, Heine und E. T. A. Hoffmann

19/20 Die tollen zwanziger Jahre. Oben: „Merkwürdig, wie man das Instrument mißbrauchen kann, ohne es zu zerbrechen." Karikatur aus der New Yorker Zeitschrift Judge. Unten: Der Berliner Strafverteidiger Professor Dr. Max Alsberg mit einem Mandanten

dat: „Ich nehme an, weil mein Name mit A beginnt." „Falsch", belehrte ihn Merkl, „falsch! Weil es in meinem freien Ermessen liegt!"

Ein Rechtswissenschaftler aus der Bundesrepublik, der nach Wien berufen wurde, aber bald darauf verstarb, hielt im Jahre 1956 an der Alma Mater Rudolphina eine Gastvorlesung. Der Gast wurde vorher im Zimmer des Dekans willkommen geheißen und sagte bei dieser Gelegenheit zu Professor Merkl: „Wir kennen uns ja von Tübingen. Sie waren dort Mitglied meiner Habilitationskommission, und ich habe Ihre Befragung noch in bester Erinnerung." Darauf Merkl: „Leider kann ich mich nicht an Sie erinnern. Wissen Sie, ich merke mir nur die ganz guten und die ganz schlechten Kandidaten. Sie waren offenbar mittelmäßig ..."

Merkl verabscheute den Nikotingenuß und bekämpfte ihn, wo er konnte. Er hatte aber auch früher als viele andere den Wert einer gesunden Umwelt erkannt und war intensiv in der Naturschutzbewegung tätig. Als er einmal in Wien den Besuch eines prominenten Naturschützers aus der Bundesrepublik empfing, erzählte er am nächsten Tag seinen Hörern im Seminar: „Ich habe gestern einen sehr interessanten Gast gehabt, mit dem ich wertvolle Gespräche über den Naturschutz führen konnte. Leider hat er mich in eine Tabakspelunke verschleppt, in der ich den ganzen Abend mit ihm verbringen mußte." Die Studenten wunderten sich mit Recht, daß ein ordentlicher Universitätsprofessor und ein prominenter Naturschützer in einer Spelunke eingekehrt sein sollten, und schließlich wagte einer zu fragen: „Herr Professor, bitte, haben Sie sich den Namen der Spelunke gemerkt?" „Natürlich", antwortete Merkl, „es war das Hotel Sacher!"

Merkls Kollegen hatten sich längst daran gewöhnt, daß er sich am Ende jedes Studienjahres wortreich auf immer von ihnen verabschiedete, denn er war fest davon überzeugt, während der Sommerferien zu sterben. Dementsprechend fiel auch seine Gratulation aus, als Professor Verdroß-Droßberg, der Völkerrechtler der Wiener Universität im Jahre 1951, zum Rektor gewählt wurde. „Lieber Freund", sagte ihm Merkl, „ich beglückwünsche dich auf das herzlichste. Ganz besonders freut es mich, daß du es also sein wirst, der meine Grabrede halten wird."

Ein Student, der es sich leicht machen wollte, traf Professor Merkl bei der Straßenbahnhaltestelle vor der Universität, zückte sein Studienbuch und bat um ein Testat für seine Vorlesung. Merkl gewährte die verlangte Unterschrift, nicht ohne den Hörer belehrt zu haben: „Die Gelegenheit ist zwar passend, aber nicht schicklich!"

Ähnlich ging es einem jungen Juristen, der als Fleißaufgabe bei Professor *Richard Meister*, dem bekannten Pädagogen der Wiener Universität, belegt hatte. Er besuchte zwar nie eine Vorlesung, wollte aber ein Testat und begab sich ins Pädagogische Institut. Dort traf er Meister an, erkannte ihn nicht, hielt ihn wegen seiner bescheidenen Kleidung für einen Pedell und fragte: „Können Sie mir sagen, wo ich vom Meister das Testat kriege?" „Geben Sie her", sagte der Professor, setzte seine Unterschrift in das Studienbuch und entließ den Studenten mit den Worten: „Das nächste Mal sagen Sie dann gleich Richardl zu mir!"

An einer Universität in den österreichischen Bundesländern gab es einen Professor, von dem es hieß, was er lehre, halte sich weitgehend an das Vorbild des Doyens des Völkerrechts, Professor Alfred Verdroß-

Droßberg. So erzählte man, er habe eines Tages den Hörsaal betreten und gefragt: „Wo sind wir das letztemal stehengeblieben?" Darauf die Studenten im Chor: „Verdroß, Lehrbuch des Völkerrechtes, Seite 352."

Alfred Verdroß-Droßberg, Kavalier der alten Schule, im persönlichen Umgang von bestechender Liebenswürdigkeit, war bisweilen zutiefst in Gedanken versunken, wenn ihn ein Problem beschäftigte. So begegnete ihm einmal auf dem Gang der Universität ein junger Assistent mit geschwollener Backe, dessen Gruß der Professor mit der gewohnheitsmäßigen Frage erwiderte: „Wie geht es Ihnen?" „Ich habe leider eine schreckliche Beinhautentzündung, Herr Professor", erwiderte der Assistent. „Fein, fein!" sagte Verdroß-Droßberg und schritt in Gedanken versunken weiter.

Der Wiener Zivilrechtler Professor *Johann Schima* war ein Mann von ausgeprägtem Pflichtbewußtsein, der es aber stets eilig hatte. So kam es, daß er eines Tages eine Assistentin mit den Worten begrüßte: „Guten Morgen! Leider habe ich keine Zeit Sie zu fragen, wie es Ihnen geht!"

Schima hörte schlecht und hatte sich daher daran gewöhnt, auf die Mundbewegungen seiner Gesprächspartner zu achten. Als er einmal seine Brille nicht bei sich hatte und ein Student in der letzten Reihe aufstand und etwas fragte, verblüffte der Professor seine Hörer mit der Bemerkung: „Bitte sprechen Sie etwas lauter, ich habe nämlich meine Brille zu Hause vergessen!"

Vorlesungen pflegte Schima bisweilen mit den Worten zu beginnen: „Ein Zivilprozeß ist etwas sehr Schönes!“ Kleine Pause. „Kein Zivilprozeß ist etwas noch viel Schöneres!“

Professor *Karl Wolff*, Vizepräsident des Verfassungsgerichtshofes, der an der Wiener Universität Bürgerliches Recht las, stellte gerne die Frage: „Wenn Sie auf den Stephansturm steigen und von seiner Spitze herunterblicken, was sehen Sie dann?“ Ohne eine Antwort abzuwarten, pflegte er fortzufahren: „Sie sehen Rechtsobjekte und Rechtssubjekte!“

Wolff saß bei einem Abendessen neben einem Mann, den er nicht kannte, und fragte, um die Konversation zu beginnen: „Was sind Sie von Beruf?“ „Ich bin Jurist“, antwortete der Tischnachbar. „Wie interessant“, sagte Wolff. „Also was mich betrifft, so bemühe ich mich schon ein Leben lang einer zu werden.“

Professor *Hans Kreller*, der Römisches Recht las, hatte Sinn für Ironie. Den Unterschied zwischen beweglichen und unbeweglichen Sachen erklärte er seinen Hörern mit den Worten: „Ein Hase, der im Walde herumläuft, ist ein Bestandteil des Waldes und somit eine unbewegliche Sache. Kommt der Jäger und schießt den Hasen tot, hört er auf Bestandteil des Waldes zu sein und wird zur beweglichen Sache. Ein normaler Mensch kann das natürlich nicht begreifen. Um das begreifen zu können, muß man schon Jurist sein.“

In einem Seminar bei Professor *Fritz Schwind*, der Österreichisches Bürgerliches Recht und Internationales Privatrecht las, unterhielt sich ein Student ungestört mit seinem Nachbarn. Höflich unterbrach ihn Schwind mit der Frage: „Sagen Sie, stört es Sie nicht, wenn ich auch rede?"

Professor *Willibald Plöchl* prüfte Kirchenrecht und fragte: „Conscriptionsbulle. Was ist das? Was wissen Sie darüber?" Der Kandidat nach einigem Nachdenken: „Bitte, das ist der Gemeindestier."

Bei einer anderen Prüfung in Kirchenrecht fragte der Vorsitzende eine Kandidatin nach den Ehehindernissen. Prälat *Franz Arnold,* Mitglied der Prüfungskommission, wollte helfen und deutete verstohlen auf sich. Die Studentin sah den gütigen alten Herrn im Priestergewand an und sagte dann: „Ein wesentliches Ehehindernis ist die Impotenz."

Ein schlecht vorbereiteter Kandidat, der kaum jemals eine Vorlesung besucht hatte, trat in Betriebswirtschaft an und sagte etwas völlig Falsches, worauf der entsetzte Prüfer fragte: „Wo haben Sie denn diesen Blödsinn her?" „Das hat der Buffir geschrieben", antwortete der Student. „Jetzt passen Sie einmal auf", belehrte ihn der Professor. „Erstens: Der Mann heißt nicht Buffir, sondern Bouffier. Zweitens: So einen Blödsinn hat der Bouffier nie geschrieben. Drittens: Der Bouffier bin nämlich ich."

Ernst Hellbling, der an der Wiener Universität Deutsches Recht, Österreichische Verfassungs- und Verwaltungsgeschichte sowie Verwaltungslehre und Verwaltungsrecht las und lange Jahre als Jurist im Wiener Magistrat wirkte, hatte sein stupendes Wissen bereits als Student erwiesen. Obwohl Jurist, belegte er beim Historiker Alfons Dopsch nicht nur Vorlesungen, sondern trat auch zur Prüfung an, was als Wagnis gelten konnte. Dopsch examinierte den blendend vorbereiteten Kandidaten ausführlich und meinte am Schluß: „Ich gebe Ihnen eine Auszeichnung, weil Sie Jurist sind. Wären Sie Historiker, könnte ich Ihre Leistung bestenfalls mit Genügend bewerten."

Ein Student kam zu Hellbling und beschwerte sich: „Herr Professor, Sie haben mich durchfallen lassen!" „Wie wollen Sie das wissen?" fragte Hellbling. „Die Beratungen der Prüfungskommission waren doch geheim." Darauf der Student: „Natürlich weiß ich es, Herr Professor. Ich bin ja einstimmig durchgefallen."

Hellbling war Mitglied einer Prüfungskommission, deren Vorsitzender zum Kandidaten sagte: „Pater semper incertus est, mater semper certa est. Übersetzen Sie das und kommentieren Sie es." Der Prüfling übersetzte: „Der Vater ist immer unentschlossen, die Mutter ist immer entschlossen."

Was ein Prüfer im Laufe der Zeit alles zu hören bekommt, hat Oberlandesgerichtsrat Dr. *Claus Seibert* aus Hamm getreulich gesammelt und in der Fachzeitschrift „Der Jurist" veröffentlicht. — Frage: „Seit wann haben wir die Reichsabgabenordnung?" Antwort: „Die entstand im Laufe der Zeit ..."

Frage: „Was bedeutet das ‚kann nicht' im § 399 BGB?" Antwort: „Das ist eine Kannbestimmung."

Frage: „Welche Stellung hat der Verteidiger im Verhältnis zum Staatsanwalt?" Antwort: „Der Anwalt sieht die Sache von der Kehrseite des Staatsanwaltes aus."

Aus einer schriftlichen Arbeit notierte Seibert den Satz: „Ich prüfe jetzt die Ersatzansprüche der Kinder, die bei dem Unfall entstanden sind."

Nicht nur der Prüfer, sondern auch der Richter sieht sich oft mit unfreiwilliger Komik konfrontiert. Dr. *Wolfgang Lassmann*, Vizepräsident des Obersten Gerichtshofes in Wien, hat sich die Mühe genommen, die erheiternden Formulierungen zu sammeln, die er im Laufe seiner langen richterlichen Tätigkeit in Anzeigen, Eingaben, Protokollen und Urteilen gefunden hat. So hieß es in einer Anzeige der Gendarmerie beim Bezirksgericht Leoben: „Am fraglichen Tage betrat gegen elf Uhr ein unbekannter männlicher Mann, ca. 30 Jahre alt, das Gastzimmer." — Protokollierung einer Aussage vor dem Bezirksgericht Döbling: „Ich war persönlich anwesend, als mir der Zeuge die Originalurkunde entriß." — Aus einer Anzeige der Polizei beim Bezirksgericht Salzburg in einer Delogierungsangelegenheit: „Der Angezeigte hat Sorgepflicht für zwei Mütter." — Angabe einer Anzeigerin beim Gendarmerieposten Schwaz: „Nun hatte ich die Gewißheit, daß ich eine Intrige von Betrügern bin." — Zeugenaussage vor dem Landesgericht für Strafsachen in Graz: „Den Zeitpunkt des Abschlusses dieses mündlichen Schriftvertrages kann ich nicht angeben." — Aus einer Klage beim Bezirksgericht für Zivilrecht in Graz: „Ich halte meinen Gatten zur Zahlung verpflichtet, da er meine Ehe vorsätzlich gebrochen und hinter mir das genannte Kind gezeugt hat." — Protokoll einer Verhandlung vor dem Kreisgericht Korneuburg: „Der Kläger behauptet als weitere Eheverfehlungen der Beklagten ehewidrige Beziehungen zu Männern und Herren." — Aus einer Entscheidung des Landesgerichtes für Zivilrechtssachen in Graz: „Gegenstandslos ist eine Eintragung dann, wenn das ihren Gegenstand bildende Recht nicht mehr besteht, weil es beispielsweise durch Zeitablauf gegenstandslos geworden ist." — Entscheidung des Landesgerichtes Innsbruck in einer Personenstandssache: „Der offenkundig unrichtigen Eintragung im Geburtenregister des Standesamtes kommt keine konstitutive, sondern nur dekorative Bedeutung zu." — Verhandlungsprotokoll des Landesgerichtes in Linz: „Nach heimlicher Beratung in der Dauer von zwanzig Minuten verkündet der Vorsitzende den Beschluß."

Das Juristendeutsch ist eine spezifische Abart des Amtsdeutschs. Einen Beitrag dazu hat das Landesgericht Linz mit einem Urteil geliefert, in dem sich die Wendung fand: „Der Beklagte wäre verpflichtet gewesen, den beempfangten Betrag an den Kläger auszufolgen." Eine ähnliche Formulierung fand sich in einem Verhandlungsprotokoll des Bezirksgerichtes in Arnfels: „Nach Einsichtnahme in die Drittschuldnererklärung ist festzustellen, daß die Erklärung ordnungsgemäß verfaßt und beeinlauft wurde."

Von beachtlichem Schilderungsvermögen zeugte dagegen das Protokoll einer Verhandlung vor dem Landesgericht für Zivilrechtssachen in Wien, in dem es hieß: „Der Kläger sagte nach der Verhängung der Ordnungsstrafe, er pfeife auf den ganzen Prozeß, fügte das voll ausgesprochene Götz-Zitat an und entfernte sich. Dadurch hat er zunächst in grob volkstümlicher und gleich darauf in unflätiger Weise, also sogar doppelt die Zurücknahme der Klage ausdrücklich erklärt und durch seinen Abtritt nochmals bekräftigt."

Geradezu surrealistische Formulierungen finden sich im Urteil des Oberlandesgerichtes Wien in einem Schadenersatzprozeß gegen einen Heimzögling, der einen Mitzögling mit einer selbstverfertigten Schleuder verletzt hatte. In diesem besonders interessanten Stück aus der Sammlung Dr. Lassmanns heißt es:

„Dem steht auch nicht entgegen, daß die Ausführung der Handlungen des Minderjährigen, die zum Unfall geführt haben, eine bestimmte Zeit beansprucht haben. Daß der Minderjährige ein Holzbrettchen, sei es auch ein solches, das die äußere Form eines Gewehres aufgewiesen hat, besaß und daraus im Gegensatz zu anderen Zöglingen kein Segelboot gemacht hat, läßt noch nicht voraussehen, daß er den Gummi aus seiner Pyjamahose entfernt und daraus ein Schleuderinstrument herstellt. Der Minderjährige hätte dazu ebenso die Toilettenanlage benützen können."

Beim Obersten Gerichtshof in Wien hat man aber nicht nur Sinn für unfreiwilligen Humor. So zirkulierte am Beginn der sechziger Jahre in den Räumen des Gerichtshofes am Schmerlingplatz eine imaginäre Geschäftsordnung, in der sich u. a. folgende Bestimmungen fanden: „§ 5. Die Sitzung beginnt mit der Bewillkommnung der Senatsmitglieder durch den Senatspräsidenten, welche in leutseliger Weise zu erfolgen hat. Nach Erörterung der Wetterlage und anderer aktueller Ereignisse legt der Vorsitzende dem Senat seine alten Knochen vor. Legen auch andere Senatsmitglieder ihre alten Knochen vor, dann richtet sich die Reihenfolge der Vorlage nach ihrem Dienstalter und nicht nach dem Alter ihrer Knochen. Nach Begutachtung der alten Knochen schreitet der Senat zur Beratung der neu angefallenen Rechtssachen. Hier entscheidet für die Reihenfolge des Vortrages weder das Alter noch das Dienstalter, sondern der Sitzplatz des Berichterstatters, beginnend von dem Sitzplatz schräg links unter der linken kleinen Zehe Kaiser Franz Josefs I. oder, falls das neue Sitzungszimmer eine kleine Zehe Franz Josefs I. nicht enthält, unter der Stelle, wo sich im früheren, dem Senat mit Gewalt und List entzogenen Sitzungszimmer die linke kleine Zehe Franz Josefs befand. — § 6. Der Vorsitzende hat den Berichterstatter in herzlicher Weise einzuladen, mit dem Vortrag zu beginnen, nachdem er ihn erforderlichenfalls vorher sanft aufgeweckt hat, bei Herrn Rat des OGH. Dr. T. hat dies unter Inaussichtstellung baldiger Kaffeeabreichung nach brav gehaltenem Referat zu geschehen. Dem Berichterstatter ist ein Sitz zu gestatten. — § 7. Bei Beratung hat der Vorsitzende darauf hinzuwirken, daß höchstens drei Senatsmitglieder zugleich schreien. Schreit Herr Rat des OGH. Dr. L., ist das gleichzeitige Schreien eines zweiten Senatsmitgliedes aus Rücksicht auf die Sicherheit der Deckenkonstruktion des Sitzungszimmers nicht zu gestatten. Der Vorsitzende hat Herrn Rat Dr. L. den Schrei zu entziehen, und zwar auf Antrag, wenn er länger als 10 Minuten, von Amts wegen, wenn er länger als eine Stunde geschrien hat. Erforderlichenfalls ist der Gebrauch eines Knebels gestattet. — § 8. Senatspräsident und Senatsmitglieder trifft eine gleiche Verbindlichkeit zur Erfüllung ihrer Pflicht, Treue und anständigen Begegnung. Die Senatsmitglieder sind mit ‚Herr' anzureden; der Gebrauch des Duwortes ist gestattet. Der Vorsitzende hat darauf hinzuwirken, daß Tätlichkeiten im Zuge der Beratung tunlichst vermieden werden. Als Tätlichkeit ist die Wegnahme einzelner Aktenstücke nicht anzusehen, wenn dies ohne Gefährdung der körperlichen Sicherheit des Referenten geschehen kann."

Im Obersten Gerichtshof wurde auch gedichtet. Ein Senat hatte sich mit einem überaus komplizierten Fall zu beschäftigen: Die russische Besatzungsmacht hatte im Jahre 1945 eine Wohnung beschlagnahmt, die sie zunächst für sich verwendete, um sodann einen Mieter einzuweisen, der starb, worauf dessen Witwe in der Wohnung verblieb. Nach dem Abzug der Besatzungsmacht verlangte der ursprüngliche Mieter vom Hausherrn, der Gemeinde Wien, es möge ihm die Rückkehr in seine Wohnung ermöglicht werden. Der langwierige Rechtsstreit, der sich daraufhin entspann, wurde von einem Mitglied des Obersten Gerichtshofes in einem sieben Schreibmaschinseiten umfassenden Gedicht gewürdigt, in dem sich u. a. die schöne Stelle fand:

„Exekution der Kläger führt sich
Nach Paragraph 349,
Jedes Schwein und jede Laus
Muß dann aus dem Haus heraus,
Jede Katz muß exszindieren,
Will sie nicht die Wohnung verlieren.
Drauf der Berichterstatter spricht:
‚Hoher Senat, das glaub' ich nicht;
Ja, mit der Räumungsexekution
Kann man den Aftermieter schon
Aus der Wohnung sofort vertreiben,
Doch die anderen können bleiben,
Es wäre denn, es spricht gegen sie
Mit dem Aftermieter die Analogie.
Zu den Letztgenannten der Mieter nicht zählt
Weil ihm nämlich das After fehlt."

Im Grenzgebiet zwischen freiwilligem und unfreiwilligem Humor bewegt sich das Revisionsurteil des deutschen Bundesgerichtshofes vom 27. Juni 1961 betreffend „Hühnergegacker". Der Bundesgerichtshof stellte darin zunächst den Sachverhalt dar: „Die Parteien sind Hersteller von Teigwaren, und zwar sowohl von gewöhnlichen Eierteigwaren, die unter Verwendung von Trockenei hergestellt werden, als auch von Eierteigwaren, für die ausschließlich Frischei verwendet wird. Für ihre gewöhnlichen Eierteigwaren wirbt die Klägerin seit 1936 im Rundfunk regelmäßig in der Weise, daß sie ihren Werbetext mit einem Hühnergegacker beginnen oder nach den ersten Textworten ein solches anklingen läßt. Die Beklagte beanstandete diese Werbung, weil durch das dabei verwendete Hühnergegacker der unzutreffende Eindruck erweckt werde, die angepriesenen gewöhnlichen Eierteigwaren seien aus Frischei hergestellt. Sie forderte von der Klägerin Unterlassung sowie Anerkennung der Unterlassungspflicht." Nach Landesgericht und Oberlandesgericht beschäftigte sich nun der Bundesgerichtshof mit diesem Begehren und führte in seinen Entscheidungsgründen aus: „Das Berufungsgericht unterscheidet mit dem Landesgericht zwischen ‚Konversationsgegacker' und ‚Legegegacker'. Es sei, so führte das Berufungsgericht hierzu aus, gerichtsbekannt, daß nach der Überzeugung zahlreicher ländlicher und kleinstädtischer mit Hühnern vertrauter Personen die Hühner nach dem Legen eines Eies in einer besonders charakteristischen Weise gackerten (‚Legegegacker'). Ein solches Gegacker komme vor allem im betonten Hervorheben eines der ersten Gackertöne zum Ausdruck. Wenn aber, so legt das Berufungsgericht dar dieser besondere Tonfall in dem Werbegegacker der Sendungen der Klägerin aufklinge, werde bei dem geschilderten Personenkreis die Vorstellung des typischen Legegegackers erweckt, die ihrerseits wieder die Vorstellung des Frischeies hervorrufe. Auf Grund der in der mündlichen Verhandlung vorgespielten und von ihm auf Tonband aufgenommenen Sendungen stellt das Berufungsgericht fest, daß der für ein ‚Legegegacker' typische Tonfall in den Werbesendungen der Klägerin aufgeklungen ist. Nach der Feststellung des Berufungsgerichtes ist dieser Tonfall schwächer in der von der Klägerin zunächst vorgeführten Aufnahme, die mit dem Landesgericht als ‚sozusagen typisiertes

Gegacker' bezeichnet werden könne; deutlicher und nicht mehr ‚typisiert' dagegen, auch um etwa eine Sekunde länger dauernd, in der letzten der von der Klägerin vorgeführten Aufnahmen. Es sei jedoch anzunehmen, so wird in der Begründung des angefochtenen Urteils weiter ausgeführt, daß auch bei dem mehr typisierten Gegacker das Legegegacker wegen seiner charakteristischen (‚triumphierenden-verkündenden') Form, das die Aufmerksamkeit stark auf sich ziehe, mehr oder minder bewußt vom Hörer herausgehört werde. Es stehe dabei fest, daß es sich tatsächlich um ein ‚Legegegacker' handle. Entgegen der Annahme des Landesgerichtes hält es das Berufungsgericht dabei für unerheblich, ob das Gegacker von einem Tierstimmenimitator stammt. Auch ein Imitator sei in der Lage, den typischen Tonfall des Legegegakkers nachzuahmen. Ob den vom Berufungsgericht im Rahmen seiner Hauptbegründung angestellten Erwägungen in vollem Umfang zugestimmt werden könne, kann dahingestellt bleiben. Insbesondere kann auf sich beruhen, ob die vom Berufungsgericht getroffene Unterscheidung zwischen ‚Konversationsgegacker' und ‚Legegegacker' überhaupt gerechtfertigt ist. Hierauf braucht nicht eingegangen zu werden, weil es jedenfalls nicht rechtsfehlerhaft ist, wenn das Berufungsgericht im Rahmen seiner Hilfsbegründung angenommen hat, der Tierstimmenimitator habe in den Werbesendungen ein Hühnergegacker mit einem Tonfall wiedergegeben, der an unmittelbar vorausgegangenes Eierlegen denken lasse."

Es gibt auch Urteile, die selbst ein geübter Jurist nur schwer zu deuten vermag. So veröffentlichte die „Juristische Rundschau" im Jahre 1950 folgenden Beschluß des Kammergerichts West: „Dem nach §§ 48, 49 des PStG vom 3. 11. 1937 (RGBL. I S. 1146) i. V.

mit den §§ 27, 29 FFG als sofortige weitere Beschwerde zulässigen, als von einer Aufsichtsbehörde formgerecht eingelegten (§ 29 Abs. 1 FFG) und im Hinblick darauf, daß die Zustellung nach § 88 Abs. 1 S. 3 der ersten VO zur Ausführung des PStG vom 19. 5. 1938 (RGBl. I S. 355) an die Aufsichtsbehörde zugestellt gewesene Entscheidung des LG aus den Akten nicht nachweisbar ist, als fristgerecht angebracht zu behandelnden Rechtsmittel konnte der Erfolg nicht versagt werden, da die angefochtene Entscheidung des LG auf einer Verletzung des Gesetzes beruht (§ 27 FGG i. V. mit § 550 ZPO)."

Beim Gesetzgeber ist es nicht viel anders. Im Deutschen Bundesgesetzblatt Nr. 84/73 war folgende „Berichtigung der zweiten Verordnung zur Änderung der Verordnung über Milcherzeugnisse vom 10. Oktober 1973" zu lesen: „Die Zweite Verordnung zur Änderung der Verordnung über Milcherzeugnisse vom 28. August 1973 (Bundesgesetzbl. I S. 1199) wird wie folgt berichtigt: In der Anlage zur Verordnung über Milcherzeugnisse ist bei der Gruppe IX in Spalte 3 Nr. 1 hinter dem Wort ‚Milch' ein Komma zu setzen."

Ein Bonner Ministerium erließ eine „Umstellungs- und ÄnderungsV der AusnahmeV zur Gefahrgut VStr", was im vollen Klartext bedeutet: „Verordnung zur Umstellung der Verordnung über Ausnahmen von den Vorschriften der Verordnung über die Beförderung gefährlicher Güter auf der Straße auf das Gesetz über die Beförderung gefährlicher Güter sowie zur Änderung dieser Verordnung."

Bisweilen gelingen den Verwaltungsjuristen freilich auch Formulierungen von geradezu klassischer Schlichtheit. Der § 4, Absatz 4 der „Verordnung zur Bekämpfung der San-José-Schildlaus“ etwa lautet: „Eine Pflanze gilt als befallen, wenn sich an ihr mindestens eine San-José-Schildlaus befindet, die nicht nachweislich tot ist.“

Prägnant ist auch der § 49 der ADA der Deutschen Bundespost: „Der Wertsack ist ein Beutel, der auf Grund seiner besonderen Verwendung im Postbeförderungsdienst nicht Wertbeutel, sondern Wertsack genannt wird, weil sein Inhalt aus mehreren Wertbeuteln besteht, die in den Wertsack nicht verbeutelt, sondern versackt werden.“

Die Handhabung des Investitionszulagengesetzes wurde vom Bonner Bundesfinanzministerium in einem Schreiben an die Finanzminister der Länder u. a. folgendermaßen erläutert: „Solange Tiere aufwachsen, ist die Herstellung noch nicht beendet. Erst von dem Zeitpunkt an, in dem ein Tier ausgewachsen ist, ist es ein abnutzbares Wirtschaftsgut. Als Zeitpunkt der Fertigstellung gilt bei männlichen Zuchttieren die Körung, bei weiblichen Zuchttieren die Vollendung der ersten Geburt, bei Gebrauchstieren die erste Ingebrauchnahme.“

Bei den internationalen Behörden geht es genauso zu. So erließ die Europäische Wirtschaftsgemeinschaft in Brüssel eine Richtlinie über Scheibenwischer bei land- und forstwirtschaftlichen Zugmaschinen, in der es hieß: „Dieser Bezugspunkt liegt in der zur Fahrzeuglängsmittelebene parallelen Ebene durch die Mitte des Sitzes 700 mm lotrecht über der Schnittlinie dieser Ebene mit der Sitzfläche und in 270 mm Abstand — in Richtung der Beckenstütze — von der die Vorderkante der Sitzfläche tangierenden lotrechten, zur Fahrzeuglängsmittelebene senkrechten Ebene. Der so festgelegte Bezugspunkt gilt bei unbelastetem Sitz in der vom Zugmaschinenhersteller angegebenen mittleren Stellung."

Bei soviel Sucht nach Reglementierung ist es kein Wunder, daß die Zahl der Gesetze ständig anschwillt. In Österreich erschienen in der ersten Legislaturperiode des Nationalrates von 1945 bis 1949, die drei Jahre und neun Monate dauerte, 986 Bundesgesetzblätter mit insgesamt 3446 Seiten. In der Legislaturperiode 1975 bis 1978, die nur drei Jahre und zwei Monate dauerte, waren es bereits 2000 Gesetzblätter mit 11.994 Seiten. In Deutschland umfaßte das Reichsgesetzblatt in der Gesetzgebungsperiode 1927 bis 1930 insgesamt 1863 Seiten, das Bundesgesetzblatt der ersten Gesetzgebungsperiode des Bundestages von 1949 bis 1953 bereits 4294 Seiten und in der Gesetzgebungsperiode 1973 bis 1976 waren es 12.814 Seiten. Der Rechtsanwalt *Detlef Kleinert* in Hannover kommentierte diese Gesetzesflut mit den Worten: „Die einen wiegen, die anderen messen, lesen tut das keiner."

Der FDP-Abgeordnete *Kleinert* brachte im Bonner Bundestag ein eindrucksvolles Beispiel der Bürokratisierung, als er ausführte: „Ungefähr achtzig Jahre lang kam die alte Hackfleischverordnung aus dem Kaiserreich mit etwa fünf Druckzeilen aus. Die neue Hackfleischverordnung aus dem Jahre 1976, die bereits 1977 novelliert wurde, umfaßt dagegen vierzig Seiten. Daß ein Schlachtermeister selbst bei überdurchschnittlichem juristischem Interesse das nicht liest, liegt auf der Hand." Zwischenruf des Fraktionschefs der SPD, *Herbert Wehner:* „Das ist auch gut, denn sonst wird er noch verrückt!"

Frisch geklagt ist halb gewonnen

Natürlich legen wir sofort Berufung ein: Die Sache geht klar!

Was? Das Gericht hat Bedenken?

Nach einem Monat: O je, wie begründe ich bloß die verflixte Berufung?

Verloren!

Nach dem Verhandlungstermin im Oberlandesgericht

21 *Anwaltsalltag: Von der ersten in die zweite Instanz*

TINT

Der Rechtsanwalt *Siegfried Sichtermann* in Kiel hat in seinem Essay „Der Banksyndikus und die Banksprache“ in dem von Hans Martin Schmidt herausgegebenen „Juristenspiegel“ Gesetzesquantität und Gesetzesqualität mit feiner Ironie geschildert, als er schrieb: „Ich kann nicht leugnen, daß mich die Definitionsleidenschaft der Gesetze und der Juristen bisweilen an die Erklärungsmanie des famosen Oberst Kraus in Hašeks ‚Braven Soldaten Schwejk‘ erinnert: ‚Ein Buch, meine Herren, sind mehrere geschnittene Papierblätter von gleichem Format, die bedruckt und zusammengestellt, gebunden und dann mit Leim zusammengeklebt sind. Wissen Sie eigentlich was Leim ist?‘ ... Da lobe ich mir doch eine glasklare juristische Definition wie die Begriffsbestimmung der Butter (Bundesanzeiger Nr. 110 v. 12. 6. 51): ‚Butter ist das aus Milch, Sahne (Rahm) oder Molke, süß oder gesäuert, gegebenenfalls unter Zusatz von Bakterienkulturen, Wasser, Kochsalz und amtlich zugelassenen Farbstoffen gewonnene plastische Gemisch, aus dem beim Erwärmen auf 45 Grad Celsius überwiegend eine klare Milchfettschicht und im geringeren Maße eine Wasser- und Milchbestandteile enthaltene Schicht abgeschieden werden.‘ — Wissen Sie übrigens, was ein plastisches Gemisch ist?“

Als in England am Beginn des Jahres 1976 über den Gurtenzwang für Autofahrer diskutiert wurde, schrieb der Londoner „Economist“: „Wenn das Unterhaus beschließt, Autofahrer gesetzlich zum Anlegen von Sicherheitsgurten zu verpflichten, könnten jedes Jahr tausend Leben gerettet und elftausend ernste Verletzungen vermieden werden. Und wo wird das alles enden? Dieses Jahr Gurtenzwang. Nächstes Jahr Rauchverbot? Dann, keinen Zucker in den Tee? Wie lange wird es dauern, bis die Regierung jedem befiehlt, vor dem Frühstück einen Lauf im Freien zu absolvieren? Man denke nur, was solche Präventivmaßnahmen dem Gesundheitsdienst ersparen würden!"

Den Bestrebungen der Zentralstellen, immer neue Bereiche in ihren Griff zu bekommen, werden bisweilen von den unabhängigen Gerichten Schranken gesetzt. So entschied der Bundesgerichtshof in Karlsruhe gegen das sogenannte „Adenauerfernsehen", den Versuch der Bundesregierung, eine eigene Fernsehgesellschaft zu gründen. In Bonn erzählte man damals, Bundesinnenminister Schröder habe seinen nach Karlsruhe entstandten Staatssekretär *Anders* angewiesen, den Rechtsstandpunkt des Kabinetts mit Nachdruck zu vertreten, doch habe der Staatssekretär zurücktelegraphiert: „Hier stehe ich. Gott helfe mir. Ich kann nicht. Anders."

Untere Instanzen können das politische Geschehen zwar kaum beeinflussen, aber eine Meinung dazu abgeben. Das Landgericht Duisburg hat dies mit feiner Ironie getan, als es am Beginn des Jahres 1976 in einem Urteil die Höhe der Strafbemessung folgendermaßen begründete: „Daß der Angeklagte in einem der beiden Berufe das angegebene Einkommen erzielen wird, ist die Überzeugung des Gerichts. Denn nach den überzeugenden Erklärungen der Bundesregierung, insbesondere des Bundeskanzlers und des Wirtschaftsministers, steht der wirtschaftliche Aufschwung und damit der entscheidende Rückgang der Arbeitslosigkeit bevor, spätestens jedoch vor der Bundestagswahl. Unter diesen Umständen hatte das Gericht keine Veranlassung, bei der Bemessung der Höhe der Tagessätze von der derzeitigen finanziellen Situation des Angeklagten auszugehen."

Recht ist zwar die Grundlage demokratischer Politik, doch vermag die Politik dem Recht nicht immer ganz gerecht zu werden. In der Auseinandersetzung zwischen dem Bonner Staatssekretär und ehemaligen Botschafter *Duckwitz* mit dem damaligen CDU-Abgeordneten und heutigen Bundespräsidenten Karl Carstens über die sogenannten Ostverträge kam dies zum Ausdruck, als Duckwitz meinte: „Carstens ist Jurist und fragt deshalb nur, inwieweit wir recht haben. Ich bin Diplomat und frage mich deshalb auch, inwieweit wir recht bekommen können."

Dr. *Rudolf Kirchschläger*, der österreichische Amtskollege von Bundespräsident Carstens, war Richter, bevor er in den diplomatischen Dienst trat, als Außenminister in die Regierung berufen und schließlich zum Staatsoberhaupt gewählt wurde. Bei der Richtertagung in Badgastein im Jahre 1975 sollte er wie üblich auf einem Ehrensessel vor der ersten Reihe Platz nehmen, setzte sich aber statt dessen neben die Präsidenten des Verfassungs-, des Verwaltungs- und des Obersten Gerichtshofes und motivierte den Platzwechsel mit den Worten: „Der Bundespräsident soll sich hüten, die freie Sicht der Präsidenten der drei Höchstgerichte in irgendeiner Weise zu behindern."

Besonderen Respekt vor Recht und Gesetz bewies der Bonner Abgeordnete *Oskar Rümmele*. Nachdem er bereits aus dem Bundestag ausgeschieden war, wurde er im sogenannten Leihwagenprozeß als Zeuge einvernommen. Er legte dem Gericht dar, daß den Abgeordneten immer wieder Präsente aller Art gemacht werden und führte als Beispiel an, ein Wähler habe ihm nach der Verabschiedung eines wichtigen Gesetzes ein Paket mit Ziegelsteinen geschickt und dazu geschrieben: „Diese Steine sind mir vom Herzen gefallen!" „Und was haben Sie mit diesem Präsent gemacht?" fragte der Richter. „Ich habe die Steine selbstverständlich zurückgeschickt", antwortete Rümmele.

Der Abgeordnete *Walter Seuffert,* einer der Rechtsanwälte im Bonner Bundestag, attackierte den Eigentumspolitiker der CDU, Professor *Fritz Burgbacher,* in einer Ausschußberatung mit der Frage: „Wenn es nach Ihrer Ansicht, Herr Kollege Burgbacher, keine Steuer gibt, die nicht auf den Verbraucher abgewälzt werden könnte, dann frage ich Sie: Wissen Sie einen Verbraucher, auf den ich meine Einkommenssteuer abwälzen könnte?" Burgbachers Antwort: „Auf Ihre Klienten, Herr Rechtsanwalt Seuffert, auf Ihre Klienten!"

Der CDU-Abgeordnete *Matthias Hoogen,* Vorsitzender des Rechtsausschusses des Bundestages und von Beruf Rechtsanwalt, hatte Burgbachers Rat offensichtlich befolgt. Betrat man seine Kanzlei in Bad Godesberg, sah man dort hinter seinem Schreibtisch ein Schildchen mit dem Spruch: „Guter Rat ist teuer."

Auch im amerikanischen Kongreß sitzen viele Anwälte. Einer von ihnen, Senator *Samuel Ervins* aus North Carolina, hatte den Mut, frühzeitig gegen die Praktiken des „Hexenjägers" McCarthy aufzutreten. Er sagte dazu im Senat: „Bei uns zu Hause in North Carolina hat einmal ein alter erfahrener Anwalt einem jungen Kollegen folgenden Rat gegeben: ‚Spricht in einem Prozeß die Rechtslage für dich, dann stütze dich auf die Rechtslage. Spricht dagegen das Beweismaterial für dich, so stütze dich auf das Beweismaterial.' Daraufhin hat der junge Anwalt gefragt: ‚Und was mache ich, wenn weder die Rechtslage noch die Beweismittel für mich sprechen?' ‚Junger Freund', belehrte ihn der erfahrene Kollege, ‚dann schlage mit der Faust auf den Tisch und beginne zu schreien. Vielleicht lenkt das die Geschworenen von der Aussichtslosigkeit deines Falles ab.' An diesen Rat erinnert mich Senator McCarthy. Die Rechtslage ist gegen ihn, die Beweismittel sind gegen ihn, also schlägt er mit der Faust auf den Tisch und schreit!"

Als Südstaatler stand Ervins der Bürgerrechtsbewegung mit Reserve gegenüber. Als deshalb der Justizminister die Verabschiedung von Sondergesetzen verlangte, um die Aufhebung der Rassentrennung in den Südstaaten beschleunigen zu können, erklärte Ervins im Senat: „Um die Aufhebung der Rassentrennung durchführen zu können, stehen dem Justizminister sowohl das Strafgesetzbuch als das Bürgerliche Gesetzbuch zur Verfügung. Es ist deshalb nicht einzusehen, weshalb er dazu auch noch Sondergesetze braucht. Sein Verlangen erinnert mich an die Geschichte von John und Mary, dem schüchternen Liebespaar, das in der Abenddämmerung auf einer Bank sitzt. John fragt das Mädchen: ‚Was möchtest du sein, wenn du nicht Mary wärest?' Das Mädchen antwortet: ‚Da möchte ich eine Rose sein.' Dann fragt es zurück: ‚Und was möchtest du sein, wenn du nicht John wärest?' Der Bursche antwortet: ‚Da möchte ich ein Oktopus sein!' ‚Was ist ein Oktopus?' ‚Ein Meerestier, das viele Arme hat.' ‚Und was würdest du mit den vielen Armen machen?' ‚Ich würde jeden einzelnen um dich legen.' Darauf das Mädchen: ‚Wozu brauchst du so viele Arme John? Du weißt ja nicht einmal, was du mit den zwei Armen, die du hast, anfangen sollst!' An diesen John erinnert mich der Justizminister. Mit dem Strafgesetzbuch und mit dem Bürgerlichen Gesetzbuch hat er zwei Arme, die er um jede Person legen kann, die sich gegen die Aufhebung der Rassentrennung stellt. Einen dritten Arm braucht er nicht!"

Und auch die europäische Justiz wurde ebenso mit dem Rassenproblem konfrontiert. So sah sich das österreichische Bundesministerium für Justiz veranlaßt, im Oktober 1978 ein Schreiben an den Präsidenten des Obersten Gerichtshofes, die Generalprokuratur, die Präsidenten der Oberlandesgerichte Wien, Graz, Linz und Innsbruck sowie an die Oberstaatsanwälte zu richten, in dem es hieß: „Aus gegebenem Anlaß ersucht das Bundesministerium für Justiz, alle Richter, Staatsanwälte und Rechtspfleger darauf hinzuweisen, daß die Worte ‚Neger' oder ‚Negerkind' für Personen schwarzer Hautfarbe im Amtsgebrauch zu vermeiden wären, da der Gebrauch dieser Worte in gerichtlichen Entscheidungen bereits zu diplomatischen Vorstellungen geführt hat."

Angesichts der vielen erfahrenen Politiker mit langer juristischer Praxis stieß Präsident *Kennedy* auf heftige Kritik, als er seinen jüngeren Bruder Robert zum Justizminister ernannte. Er war sich des damit verbundenen Risikos auch bewußt, und als ihn sein Mitarbeiter Ben Bradlee fragte, wie er die Nominierung bekanntgeben werde, antwortete der Präsident: „Ich glaube, es wird am besten sein, wenn ich gegen zwei Uhr früh die Haustüre öffne, nachsehe, ob die Straße auch menschenleer ist, und dann flüsterte: ‚Bobby wird Justizminister!' "

Einige Tage nach der Nominierung scherzte der Präsident in einer Rede vor dem angesehenen Alfa Club in Washington: „Ich sehe nicht ein, was schlecht daran sein soll, wenn mein Bruder Robert als Minister ein wenig juristische Erfahrungen sammelt, bevor er sich selbständig macht und eine Anwaltskanzlei eröffnet."

Senator *Barry Goldwater,* politischer Gegner, aber persönlicher Freund des Präsidenten, kommentierte die Ernennung mit den Worten: „Ich habe einen zweijährigen Enkelsohn. Er ist zu jung, um zu wählen, aber leider bereits zu alt, um Justizminister zu werden."

Österreichs Justizminister, Dr. *Christian Broda,* konnte dagegen, als er mit der Führung seines Ressorts betraut wurde, bereits auf eine lange Praxis als Anwalt zurückblicken. Seine Berufung in die Regierung erfuhr er kurz vor einer Besprechung mit einem seiner prominentesten Klienten, dem damaligen künstlerischen Leiter der Wiener Staatsoper, *Herbert von Karajan.* Als Broda am Schluß der Unterredung zu verstehen gab, daß er sein Mandat nunmehr zurücklegen werde müssen, antwortete Karajan elegant: „Ich hoffe, Sie werden Ihren neuen Klienten so gut vertreten wie Ihren alten."

Broda war auch der Anwalt des Schriftstellers und Kritikers Hans Weigel, als dieser einen Prozeß gegen die Burgschauspielerin Käthe Dorsch anstrengte. Die Dorsch hatte sich durch eine Kritik Weigels gekränkt gefühlt und ihn geohrfeigt. Höhepunkt des Prozesses war die Zeugenaussage von Kammerschauspieler Raoul Aslan, der mit Burgtheaterpathos erklärte: „Ich fordere die Todesstrafe für Hans Weigel. Denn: Freiheit ist Unterwerfung unter das Gesetz. Frechheit ist dagegen die Überschreitung der Freiheit. Und die hat Weigel begangen. Wien hat vier Wahrzeichen: Den Stephansdom, das Burgtheater, die Staatsoper und die

Universität. Wer eines von ihnen verhöhnt, muß entfernt werden.“

Dr. *Hans Gürtler,* einer der bekanntesten Wiener Anwälte der Nachkriegszeit, hielt bisweilen außergewöhnlich scharfe Plädoyers. Als er einmal so vernichtend argumentierte, daß der Staatsanwalt empört den Gerichtssaal verließ, wandte sich Gürtler triumphierend an die Geschworenen: „Von der Anklage, meine Damen und Herren, ist nichts übriggeblieben. Nicht einmal der Ankläger!“

Gürtler war passionierter Jäger. So kam es, daß er einmal einem Vorsitzenden, der zugleich mit dem Beschluß auf Vertagung zur Ergänzung der Beweisaufnahme auch einen neuen Verhandlungstermin bekanntgab, nach Konsultation seines Taschenkalenders belehrte: „Herr Rat, an diesem Tage wird der Prozeß nicht stattfinden können. Da ist nämlich Hirschbrunft.“

In einem Kreis von Strafverteidigern, Staatsanwälten und Richtern wurde diskutiert, ob die Anklageschrift zur Wahrung der Objektivität statt von einem Mitglied des Gerichtes, nämlich dem Schriftführer, nicht besser vom Staatsanwalt verlesen werden sollte. Da erhob sich der Anwalt *Michael Stern,* eines der ältesten und angesehensten Mitglieder der Wiener Advokatur, und meinte: „Meine Herren, lassen wir es doch so wie es ist. Der Schriftführer hudelt die Anklage so lustlos und leise herunter, daß die Geschworenen, Gott sei Dank, sowieso nur die Hälfte davon verstehen.“

Stern verteidigte einmal eine Hebamme, die der Abtreibung bezichtigt wurde. Während der Verhandlung wurde der Frau übel, sie durfte den Saal verlassen und wurde in Abwesenheit mangels an Beweisen freigesprochen. Zur Urteilsverkündung in den Saal zurückgeholt, erklärte sie zum Entsetzen des Anwalts: „Vielen Dank, Herr Rat, und ich werd's auch bestimmt nimmer machen . . .!"

Dr. *Herbert Eichenseder*, der mehrere Jahre bei Dr. Stern gearbeitet hatte, ehe er seine eigene Kanzlei eröffnete, verteidigte eine Prostituierte. Der Richter fragte nach ihrem Nettoeinkommen. Das Mädchen verstand nicht. Der Richter erklärte: „Das Nettoeinkommen ist das, was Ihnen bleibt." Darauf erhielt er die Antwort. „Bleiben tut mir gar nix. Das hat alles der Doktor Eichenseder!"

Über das Einkommen der Anwälte wird viel gesprochen; über ihren Arbeitsaufwand weniger. Professor Dr. *Möhring*, Rechtsanwalt am Bundesgerichtshof, hat die Relation zwischen den beiden Begriffen auf die Formel gebracht: „Der Rechtsanwalt hat entweder nichts zum Leben oder nichts vom Leben."

In den Vereinigten Staaten wird über Anwaltshonorare seit dem 27. Juni 1977 ganz offen gesprochen. An diesem Tage entschied der Oberste Gerichtshof mit fünf gegen vier Stimmen, daß alle von Interessenvertretungen fixierten Mindesttarife gegen das Kartellgesetz verstoßen und daß das Werbeverbot für Anwälte verfassungswidrig sei. Ohne das Urteil abzuwaren, hatte die Anwaltskanzlei John R. Bates and Van O'Steen bereits folgendes Inserat in der Tageszeitung „Arizona Republic" erscheinen lassen: „Brauchen Sie einen Rechtsanwalt? Rechtsbeistand zu sehr vernünftigen Gebühren! Scheidung oder gesetzliche Trennung unstreitig: 175 plus 20 Dollar. Namensänderung: 95 plus 20 Dollar. Adoption: 225 Dollar plus 10 Dollar für die Publikation. Information über weitere Leistungen auf Anfrage."

Immer größeren Umfang nehmen in Amerika die Schadenersatzklagen gegen Ärzte an. Allein im Jahre 1974 wurden im Bundesstaat Kalifornien Mediziner in dreißig Fällen zu Ersatzzahlungen in der Höhe von mehr als 350.000 Dollar verurteilt. Viele verärgerte Ärzte brachten daraufhin in ihrem Wartezimmer ein Schild mit der Inschrift an: „Wenn Sie krank sind, gehen Sie doch gleich zu Ihrem Rechtsanwalt."

Obwohl *René Floriot* ein vielbeschäftigter Anwalt war, fand er Zeit, eine Biographie des Marschalls Ney zu schreiben, der 1815 unter den Bourbonen wegen Hochverrats hingerichtet wurde. Ein Exemplar schickte er Marschall *Juin,* der wegen seiner Haltung in der Algerienfrage bei General de Gaulle in Ungnade war, mit der Widmung: „Damit Sie sehen, was einem Marschall von Frankreich geschehen kann." Juin revanchierte sich mit einem Exemplar seines Buches „Der Feldzug in Italien" und schrieb dazu: „Das könnte mir nicht passieren, denn ich würde mich von René Floriot verteidigen lassen."

Floriot schrieb nicht nur Biographien, sondern auch Memoiren, in denen er viele interessante Rechtsfälle schilderte. Ein Bankangestellter hatte im Privatleben Betrügereien begangen. Da der Geschädigte den Betrüger an dessen Arbeitsplatz kennengelernt hatte, verlangte er von der Bank Schadenersatz und hatte zur allgemeinen Überraschung mit seiner Klage Erfolg. Nach der Verhandlung sagte der Rechtsvertreter der Bank zum gegnerischen Anwalt: „Ich werde Ihnen sagen, wohin solche Urteile führen. Stellen Sie sich vor, daß ein Bankbote einen Wechsel kassieren will.

Außer dem Dienstmädchen ist niemand zu Hause. Er macht dem Mädchen ein Kind. Nach diesem Urteil hier müßte die Bank die Alimente zahlen."

Wie viele erfahrene Anwälte hielt Floriot nicht allzuviel von technischen Neuerungen im Strafverfahren. Der Besitzer einer Pariser Bar hatte einen Araber erschossen und behauptete, in Notwehr gehandelt zu haben. Die Polizei rekonstruierte den Tathergang und hielt ihn im Film fest. Ein Kriminalinspektor stellte mit funkelnden Augen und lebhaften Gesten den Araber dar. Der Film wurde den Geschworenen vorgeführt und der Angeklagte freigesprochen, wobei ein Geschworener nachher sagte: „Es war doch klar, daß es sich um Notwehr handelte. Das sah man doch ganz deutlich in dem Film." Floriot meinte dazu: „Man wird an jenes Mädchen erinnert, das den Bibelfilm ‚Die zehn Gebote' von Cecil de Mille gesehen hatte und nachher sagt: ‚Aber das muß man sagen, damals waren die Männer schöner als heute!"

Seit neuestem müssen sich die Anwälte auch mit den Problemen des Tonbandes auseinandersetzen. Im März 1977 wurde gegen eine Maschine der Lufthansa telephonisch eine Bombendrohung ausgestoßen. Der Anruf wurde auf Tonband festgehalten und der Steward der Maschine als Täter verdächtigt. Im Prozeß sagte ein Sachverständiger aus, das aus dem Tonband ermittelte „Sonargramm" ergäbe zu neunzig Prozent die Identität des Täters. Darauf replizierte der Verteidiger des Stewards, Professor Dr. h. c. *Werner Sarstedt:* „Es gibt ebensowenig eine neunzigprozentige Identität, wie es eine neunzigprozentige Virginität gibt."

Geistesgegenwart und Schlagfertigkeit sind die wichtigsten Waffen der Advokatur. Geistesgegenwart bewies der Frankfurter Rechtsanwalt Dr. *Friedrich Mathern,* als er im Dezember 1959 als Aktionärsvertreter bei der Hauptversammlung in der Münchner Kongreßhalle die geplante Beteiligung von Daimler-Benz an den vorübergehend in Schwierigkeiten geratenen BMW-Werken mit Hinweis auf einen Formfehler im Verfahren verhinderte. Schlagfertigkeit legte er an den Tag, als er auf die Versicherung des Aufsichtsratsvorsitzenden Dr. Hans Feith „Wir erhalten in Gestalt der Daimler-Benz-Werke einen starken Partner“, mit der Bemerkung replizierte: „Mir kommt das mit dem starken Partner so vor, als wenn man einer Weihnachtsgans vor dem Schlachten sagt, daß sie von einer besonders vornehmen Familie gegessen werden wird.“

In der amerikanischen Justiz bedient man sich bei der Wahrheitsfindung neben vielen anderen technischen Hilfsmitteln bisweilen auch des sogenannten Lügendetektors. Was man in Europa davon hält, hat der angesehene deutsche Psychiater Professor Dr. *Hans Bürger-Prinz* auf die prägnante Formel gebracht: „Ich fürchte, es bleibt nur das Fazit: Der Detektor arbeitet zwar mit Elektroden, doch das macht ihn noch nicht moderner als den spanischen Stiefel.“

Ein Helfer des Gerichts bei der Suche nach der Wahrheit ist der Sachverständige. Er hat es nicht immer leicht. Einer der sensationellsten Prozesse im Italien der fünfziger Jahre war der Fall Wilma Montesi. Das junge Mädchen war tot am Meeresstrand aufgefunden worden; bis auf Hüftgürtel und Strümpfe, die im Wasser trieben, war die Leiche vollständig bekleidet gewesen. Bei der Verhandlung gegen die mutmaßlichen Täter ging es vor allem um die Frage, ob die Wellen Strümpfe und Gürtel vom Leichnam gespült hätten oder ob sie bereits vorher von Menschenhand entfernt worden seien. Als der Vorsitzende den Doyen der italienischen Gerichtsmediziner, Professor *Giorgio Canutto*, einen würdigen alten Herrn mit schlohweißem Haar, dazu befragte, erhielt er die Antwort: „Hohes Gericht, ich bin Gerichtsmediziner und nicht Experte für Damenunterwäsche. Aber soweit ich mich aus meiner Jugendzeit erinnern kann, ist es gar nicht so leicht, einen Hüftgürtel zu entfernen . . ."

Fehlleistungen auf dem Weg zur Wahrheitsfindung führen oft zu harter Kritik an der Geschworenengerichtsbarkeit. So meinte der englische Rechtsgelehrte *Glanville Williams* im Jahre 1955: „Wenn man bedenkt, daß Anwälte, Ärzte, Priester, Staatsbeamte und viele andere Intelligenzberufe vom Geschworenenamt ausgeschlossen sind, ist es eigentlich ein ‚understatement', wenn Herbert Spencer sagte, Geschworene sind zwölf Leute von durchschnittlichem Unwissen."

Professor *Griswold*, Dekan der Juristischen Fakultät der Harvard-Universität, drückte im Jahre 1963 die gleiche Ansicht noch drastischer aus, als er sagte: „Die Geschworenengerichtsbarkeit ist die Apotheose der Amateure."

Das System fand aber auch Verteidiger. Einer von ihnen, der britische Lordrichter *Devlin*, meinte: „Das Wesen der Geschworenengerichtsbarkeit besteht nicht darin, die Wahrheit zu finden, sondern zu verhindern, daß Unschuldige verurteilt werden."

Diskussionen solcher Art bildeten den Hintergrund der großen Justizreformen, die in den letzten Jahren in fast allen europäischen Staaten vor sich gingen. Als man in Bonn über die Problematik der Scheidungsgesetzgebung debattierte, legte die damalige Alterspräsidentin des Bundestages, *Marie-Elisabeth Lüders*, ein gutes Wort für die Männer ein und sagte: „Es ist eigentlich nicht fair, zu behaupten, jeder Mann sei bereit, seine Alte von sechzig Jahren gegen zwei Dreißigjährige einzutauschen." Nach einer kleinen Pause fügte sie hinzu: „Wer mich als Tauschobjekt nimmt, kriegt sogar drei Dreißigjährige!"

In Wien traf Bundeskanzler Dr. *Bruno Kreisky* bei einer Party die Schauspielerin *Erni Mangold*, die damals noch mit ihrem Kollegen Heinz Reincke verheiratet war. Der Kanzler kam auf das eben verabschiedete neue Eherecht zu sprechen und sagte: „Sie wissen ja, daß es jetzt möglich ist, daß der Mann den Namen der Frau trägt." Nach einigem Überlegen fragte die Schauspielerin: „Und wäre es auch möglich, daß mein Mann und ich uns gemeinsam Reingold nennen?"

In Paris stellte der Abgeordnete *Jean Fontaine* in der Nationalversammlung einen Zusammenhang zwischen dem neuen Familienrecht und dem Ausbau der Sozialgesetzgebung her, als er erklärte: „Heutzutage ist es bereits leichter, sich von seiner Frau zu trennen als von einer Angestellten."

Eine tiefgreifende Neuerung war die Straffreistellung der Abtreibung. In der Praxis zeigte sich allerdings, daß nicht alle Ärzte und Krankenanstalten bereit waren, von der damit erschlossenen Möglichkeit Gebrauch zu machen. Als ein Reporter des „Spiegel" ein Mitglied der Österreichischen Bundesregierung fragte, ob ein Staat, der die Abtreibung frei gebe, nicht für ihre Durchführung sorgen müsse, erhielt er die Antwort: „Nein, das käme mir so vor, wie wenn die Homosexuellen nach Einführung der Straffreiheit für gleichgeschlechtliche Liebe vom Staat die Beistellung eines Freundes verlangt hätten."

Die Lockerung von Bestimmungen, die Jahrzehnte oder gar Jahrhunderte lang gegolten hatten, erweckte nicht nur Beifall, sondern auch Befürchtungen. Der britische Philosoph *Bertrand Russell* versuchte sie mit Ironie zu zerstreuen, indem er meinte: „Die großen Liebenden der Weltgeschichte kämen heute vor ein Jugendgericht: Helena war zwölf, als Paris sie nach Troja entführte."

Weniger tolerant äußerte sich sein Landsmann Lord *Shawcross*, der einst im Nürnberger Prozeß britischer Hauptankläger gewesen war, als er im Jahre 1963 erklärte: „Die sogenannte neue Moral ist nichts anderes als die geduldete Unmoral von gestern."

Auch die Reform des Strafvollzugs stieß auf geteilte Meinungen. Als Skeptiker erwies sich der amerikanische Soziologe *Robert Martinson* mit seiner Meinung: „Ein Dieb, der im Gefängnis zum Tischler ausgebildet wird, ist nach seiner Entlassung nichts weiter als ein Dieb, der mit Holz umzugehen versteht."

Ein Praktiker des Metiers, der Leiter der österreichischen Strafvollzugsanstalt Stein, Hofrat Dr. *Karl Schreiner*, vertrat dagegen in einer Artikelserie der „Kronen-Zeitung" die Ansicht: „Aus einem Räuber oder Totschläger einen Dieb zu machen, ist schon etwas und oft mehr, als aus einem Dieb einen Vollangepaßten."

Einer, der die Humanisierung des Strafvollzugs zu nutzen wußte, war *Horst Schlötelburg*, der in der

Bundesrepublik 1960 wegen Totschlags zu fünfzehn Jahren Zuchthaus verurteilt und nach zehn Jahren „wegen vorbildlicher Führung“ entlassen wurde. Er kam mit einem Koffer voll Manuskripten aus der Zelle, fand für sie auch schnell Verleger und erklärte: „Das Zuchthaus ist heute die Universität des kleinen Mannes.“

Dagegen der skeptische Kommentar von Amanda Klachl, die täglich in Steiermarks „Kleiner Zeitung“ volkstümliche Sentenzen zum besten gibt: „A Zug der voll is, is a Straf. Nur der Strafvollzug is kaner mehr.“

Die Justiz unternimmt die schwierigen, vom Widerstreit der Meinungen begleiteten Aufgaben in einer Zeit, in der sie sich ständig mit neuen Problemen konfrontiert sieht. Eines von ihnen ist die Computerkriminalität, laut Definition der „Sunday Times“ „eine Art von Einbruch, bei dem des Einbrechers Werkzeug letztlich aus dem Begreifen der logischen Struktur und der logischen Schwächen besteht, die einem speziellen System der Datenverarbeitung eigen sind“. Der Justiz aber fehlt es, um diese neue Art von Einbruch ahnden zu können, nicht nur an geschulten Fahndern, sondern vielfach auch an entsprechenden Strafbestimmungen, was den Regierungsdirektor *Armin Korn* vom Mainzer Innenministerium zu dem drastischen Vergleich veranlaßte: „Wir befinden uns in der gleichen Situation wie damals, als die Wachtmeister noch zu Fuß gingen, die Täter aber schon mit Autos davonfuhren!“

Es sind aber nicht nur die Neuerungen des Computerzeitalters, mit denen sich die Justiz auseinanderzusetzen hat, wenn das gesatzte Recht mit den uralten, ungeschriebenen Gesetzen der Natur zusammenstößt.

Das hat *Franz Hugo Mösslang* in seinem Buch „Deutschland, Deine Bayern" mit unübertroffener Plastizität geschildert: „Ein gesunder Bauernbursch steht vor dem Richter. Die Anklage wirft ihm vor, er hätte sich an einem unschuldigen Bauernmädchen vergangen, das geistig minderwertig sei. Der Angeklagte behauptet, er habe nicht gewußt, daß das Mädchen geistig minderwertig sei, und er glaubt es heute noch nicht. Das Gericht wollte dies feststellen und gab dem Mädchen eine Augsburger Abendzeitung mit der Aufforderung, einen Artikel daraus zu lesen und dann dem Gericht das Gelesene zu erzählen. Das Mädchen brachte das nicht fertig. Das Gericht erklärte das Mädchen für geistig minderwertig. Da erhob sich der Rechtsanwalt Dr. M.: „Hohes Gericht! Es war Mai! Ein schöner Maienmorgen, der Angeklagte soll aufs Feld hinausfahren, steht da in seiner Jugendkraft, voll Lebensmut und Freud. Die Sonn hat g'scheint, die Vögl ham g'sungen. Die Zeugin Marie hätte mit hinausfahren solln. Scheinbar hat sie verschlafen. Der Angeklagte wollte sie holen, ging hinauf in die Mädchenkammer, und wie er die Tür aufmacht, steht das Madl vor ihm — so wie Gott sie erschaffen hat, wie Eva vor dem Sündenfall! Meine Herren, es war Mai, die Sonne hat gescheint, die Vögel haben gesungen, und das Mädel steht vor ihm wie Eva vor dem Sündenfall! Ja, meine Herren, hätt er ihr da zuerst die Augsburger Abendzeitung zum lesen geben sollen?"

So bleibt über den Wandel der Zeit hinweg die Ambivalenz des Rechts bestehen. An das Rätselhafte grenzend, hat sie in *Hans Pfitzners* Rätsel vom Recht zeitlos gültigen Ausdruck gefunden:

„Wer es hat, dem wird's oft nicht.
Wer's behält, der hat's oft nicht.
Man gewinnt's nur, wenn man's spricht."

Pro und Contra

oder

URTEILE UND VORURTEILE

„Ein Urteil läßt sich widerlegen, aber niemals ein Vorurteil.“ *Marie von Ebner-Eschenbach*

*

Recht ist Wille zur Gerechtigkeit.

Gustav Radbruch

*

Wenn wir versuchen, dem Begriff des Rechts auf den Leib zu rücken, entdecken wir eine überraschende und fast peinliche Tatsache: Genau zu sagen, was Recht ist, gilt als unmöglich. Die Frage nach dem Begriff des Rechts ist die schwarze Katze im Sack der Jurisprudenz. *William Seagle*

*

Das Recht ist nichts anderes als das ethische Minimum.

Georg Jellinek

*

Recht ist das Ergebnis von Pflichten; Pflicht ist das Recht anderer auf uns. *Oswald Spengler*

Das Recht ist der Inbegriff der Bedingungen, unter denen die Willkür des einen mit der Willkür des anderen nach einem allgemeinen Gesetz der Freiheit in Einklang gebracht werden kann. *Immanuel Kant*

*

Das Recht an sich selbst ist machtlos: von Natur herrscht die Gewalt. Diese nun zum Rechte hinüberzuziehen, so daß mittels der Gewalt das Recht herrsche, dies ist das Problem der Staatskunst.

Arthur Schopenhauer

*

Recht ohne kämpfendes Wort ist ein Herz ohne klopfenden Pulsschlag. *Heinrich Künssberg*

*

Das Recht hat die merkwürdige Eigenschaft, daß man es behalten kann, ohne es zu haben. *Joseph Unger*

*

Es kann manchmal sehr unrecht sein, ein Recht auszuüben. *Marie von Ebner-Eschenbach*

*

Es gibt nur etwas, das schlimmer ist als Ungerechtigkeit, und das ist Gerechtigkeit ohne Schwert in der Hand. Wenn Recht nicht Macht ist, ist es Übel.

Oscar Wilde

*

Verzögerte Gerechtigkeit ist verweigerte Gerechtigkeit.

William Gladstone

*

Der größte Feind des Rechtes ist das Vorrecht.

Marie von Ebner-Eschenbach

Gerechtigkeit ist zu gut für manche Menschen und nicht gut genug für die übrigen.

George Norman Douglas

*

Ungerechtigkeit ist verhältnismäßig leicht zu ertragen. Es ist die Gerechtigkeit, die schmerzt.

Henry Louis Mencken

*

Etwas ist nicht recht, weil es Gesetz ist, sondern es muß Gesetz sein, weil es recht ist. *Montesquieu*

*

Das Gesetz hat keine Augen; das Gesetz hat keine Hände; das Gesetz ist nichts, nichts als ein Stück Papier, bis die öffentliche Meinung dem toten Buchstaben den Lebensatem einhaucht. *Macauley*

*

Wenn die Menschen rein sind, sind Gesetze nutzlos; wenn die Menschen korrupt sind, werden die Gesetze übertreten. *Benjamin Disraeli*

*

Schlechte Gesetze sind die schlimmste Form der Tyrannis. *Edmund Burke*

*

Gesetze verraten nicht das, was ein Volk ist, sondern das, was ihm fremd erscheint. *Friedrich Nietzsche*

*

Wenn man alle Gesetze studieren sollte, so hätte man gar keine Zeit, sie zu übertreten.

Johann Wolfgang von Goethe

Gesetze und Polizeiverordnungen sind den Spinnweben zu vergleichen, an denen die großen Mücken durchwischen, die kleinen hängen bleiben.

Julius Wilhelm Zincgref

*

Drei berichtigende Worte des Gesetzgebers, und ganze Bibliotheken werden zu Makulatur.

Julius Hermann von Kirchmann

*

Der Gesetzgeber soll denken wie ein Philosoph, aber reden wie ein Bauer. *Rudolf von Ihering*

Bildnachweis

1 William Hogarth: Die Richter (The Bench). Aus Joseph Burke „Hogarth“, Wien 1968

2 John Kay: Drei Edinburghische Juristen

3 Honoré Daumier: Die große Treppe des Justizpalastes

4/5 Zwei Zeichnungen von Honoré Daumier. Aus Robert Lejeune „Honoré Daumier“, Zürich

6 Vier Zeichnungen von W. Schließmann. „Fliegende Blätter“, 1880

7 Zeichnung von Meissl. „Fliegende Blätter“, Nr. 3200

8 Zeichnung von F. Hahs. „Meggendorfer Blätter“, Jg. 1905

9 Zeichnung von A. Roeseler. „Fliegende Blätter“, Nr. 3184

10 Zeichnung von Caspari. „Fliegende Blätter“, Nr. 3187

11 Zeichnung von Valloton. Aus Veth „Der Advokat in der Karikatur“, Vlg. Dr. Otto Schmidt KG, Berlin 1927

12 Zeichnung von E. Thöny. „Simplicissimus“, 18. Jg.

13 Zeichnung von Bruno Paul. Aus Veth „Der Advokat in der Karikatur“, op. cit.

14 Zeichnung von Blix. „Simplicissimus“, Jg. 1914

15 Zeichnung von Oscar Bluhm. „Meggendorfer Blätter“, Jg. 1905

16 Karikatur von W. Hanel. Aus Nentwig „Rechtsanwälte in Karikatur und Anekdote“, Vlg. Dr. Otto Schmidt KG, Köln 1977

17 Honoré Daumier: Ein Advokat, bis ins Innerste überzeugt ... Aus R. Lejeune „Honoré Daumier“, op. cit.

18 Zeichnung von Olaf Gulbransson: Ludwig Thoma

19 Aus Veth „Der Advokat in der Karikatur“, op. cit.

20 Karikatur von H. Stockmann. Aus Veth „Der Advokat in der Karikatur“, op. cit.

21 Karikatur von Murschetz. Aus Nentwig „Rechtsanwälte in Karikatur und Anekdote“, op. cit.

22 Zeichnung von H. E. Köhler. Aus „Parkinsons Blick in die Wirtschaft“, Düsseldorf 1968

Inhaltsverzeichnis

D. George Paul Hönns,

F. S. G. Raths und Amtmanns in Coburg,

Kurtzeingerichtetes

Betrugs-LEXICON,

Worinnen
die meisten Betrügereyen
in allen Ständen,
Nebst denen darwider mehrentheils
dienenden
guten Mitteln
entdecket werden.

Neue und verbesserte *Edition.*

LEIPZIG,
Verlegts Christian Samuel Krug,
Buchhändler allda. 1743.